BI-LINGUAL AMERICAN COOKING:
English and Spanish
Family Recipes in Side-By-Side Translation

COCINA AMERICANA BILINGUE:
Inglés y Español
Recetas de familias con su traducción de lado a lado

Susan Hess

Hess, Susan, 1945-
    Bi-lingual American cooking : English and Spanish family
recipes in side-by-side translation = Cocina americana bilingue :
ingles y espanol recetas de familias con su traduccion de lado a
lado / Susan Hess.
    -- 1st ed.
    p. cm.
    LCCN 2001097122
    ISBN 0-9714051-2-3

    1. Cookery, American. I. Title. II. Title: Cocina americana
bilingue

TX715.H47 2002   641.5947
                                  QBI01-201546

CONTENTS

ACKNOWLEDGMENTS

A book is an exciting product to create but one in both English and Spanish presents a special challenge. Although this book is my inspration, many others pulled together to make this a reality. For their help and support, I am grateful. Advice, encouragement and services came from many through the years and more specifically, my appreciation and thanks go to the following:

Nhora Serrano—our family's friend and helper who provided the initial impetus for this book and who did the translation.

Caroline Lohr Horwitz—my mother and computer whiz who gave me the gift of life and the gift of bringing my idea to life in real type and pages.

Paul and David Hess—our two terrific sons who made us a family.

Gary Hess—my wonderful husband who has supported me and unfailingly inspired me from our beginning in ways large and small.

Also, Marti Hawkins, editorial and proofreading support and suggestions, Janie Watson, computer support and advice, and Barbara Brecher, cover design.

IMPORTANT INFORMATION AS YOU BEGIN

This book is your guide to 'cooking American.' The recipes are simple and basic and represent what many families eat at home every day. To get the best results, there are a few important things to keep in mind:

- **Most recipes serve four people.** Some of the soups, appetizers and baked products serve more, but the entree recipes generally serve four people. Add ingredients proportionally if there are more people to serve. Remember that size and servings are relative. A box of macaroni and cheese may serve four people as a side dish but may serve only one hungry teenager.

- **Most salt has been eliminated.** With a need generally to reduce salt, most salt has been eliminated from the recipes, except where it's important to the taste of the food or to the baking process. It's up to you how much you want to add—either during cooking or at the table.

- **Margarine or butter?** Margarine is specified in most recipes, but butter can be substituted if you prefer. In many cases, liquid vegetable oil can be substituted as well, except in baked goods. With cakes, desserts and cookies, don't substitute liquid oils for solid ones.

- **Wine or liquor is included in several recipes.** If you have a dietary or religious prohibition against alcohol, substitute water or wine vinegar, or find another dish to prepare.

- **Remember that cooking is flexible.** Except for baked goods—breads and desserts—ingredients can be changed. If you like more garlic, put it in. More chocolate chips? Add more. As you gain more confidence with your methods and results, you can try variations to keep things interesting.

1

If You Are Teaching or Helping Someone Learning to Cook

There is hardly anything more rewarding than helping someone learn a new skill. There's always new confidence and great satisfaction when we master something new. And cooking is a great skill for everyone—women, men, and kids. The rewards are many—refueling our bodies, seeing results, and often positive appreciation!

How to get started to teach someone to cook in your own or in another language?

- **Review the recipe in your own language first.** Review it well in advance of cooking to determine if you want to include all the listed ingredients or whether you want to make changes or substitutions. Also anticipate what the result will be and be sure it's what you expect. Make any adjustments you want in your own language and consult the translation list to make the changes in the other language.

- **Have all the ingredients available.** The most common names for ingredients and methods have been used. However, there are multiple names for some food items or methods, particularly in Spanish. As you set out the ingredients for the recipe, identify the items with the name your learner knows. Make the changes to the name you know right in the book. This will eliminate questions later.

- **Review the recipe in both languages with your learner.** Identify and name each ingredient and discuss the preparation required. Make sure that the learner's understanding of the directions match your understanding. Write in any adjustments and notes.

- **With your learner, prepare the recipe.** Once you've cooked with your learner several times, you'll soon realize their level of capability in both cooking methods and in following recipes. Try to pick a 'teaching' time when you're not too rushed so you have the time to instruct and demonstrate. The sequence might start with a demonstration of a particular recipe from start to finish, then move on to having the learner help you, then to you helping your learner. Provide advice that is positive and helpful-- what size pan works best and why, the many ways chicken pieces can be handled, and how brown is 'browned.' Be supportive, not critical. Since there is more than one way to slice an onion, focus on results. Besides, you want to enjoy the meal at the end as well as to encourage your learner to tackle new skills on their own.

- **Be patient and don't take over.** A new learner is slower than an experienced cook. Also, many skills are required—reading and comprehending, hand/eye coordination, spatial concepts, specific skills like chopping or beating, and mathematical calculations for measuring. Chopped pieces of red pepper or onion may be uneven and cut chicken pieces a little ragged. Resist the urge to take over. First ask yourself whether 'perfection' really makes a difference or if it's just your own pickiness. Then ask questions that encourage your new cook to fix things worth fixing—"Don't you want to cut those big pieces a little smaller so they'll cook faster?" or "Did you feel for the joint to find where to cut the leg from the thigh?" Too much pickiness can frustrate your learner, smother enthusiasm, and stifle willingness to cook again.

- **Cheer the results.** Since the technique of cooking is a learning process, be sure to compliment your learner's progress and results. Active and genuine appreciation for their efforts—no matter what they are—can always be found. They'll feel they've contributed something important and that their skills are valued. Your learner's confidence will swell. And be sure to cheer yourself as well. There are few satisfactions greater than helping someone learn and master a new skill that lasts a lifetime!

Información Importante Al Comenzar

Este libro es su guía para 'cocinar estilo americano.' Las recetas son simples y básicas y representan lo que muchas familias comen en sus casas todos los días. Para obtener los mejores resultados, existen algunos puntos importantes que debe tener en mente:

Las recetas están adaptadas para que coman cuatro personas. Algunas sopas, aperitivos y productos asados alcanzan para más personas, pero los platos principales son para cuatro personas solamente. Añada los ingredientes proporcionalmente si van a comer más personas. Acuérdese que las medidas y raciones son relativas. Una caja de macarrones con queso puede dar para cuatro personas como entremés, pero solamente para un adolescente hambriento.

La mayor parte de la sal ha sido eliminada. Debido a la necesidad de un régimen de dieta general para reducir la sal, la mayoría de la sal ha sido eliminada de las recetas, excepto donde es más importante para el sabor de la comida o el proceso de asar. Usted decidirá lo que desea añadir—ya sea cuando está cocinando o en la mesa.

¿Margarina o mantequilla? La margarina es parte de muchas recetas en el libro, pero la mantequilla puede ser sustituila, si prefiere. En muchos casos, el aceite vegetal líquido se puede sustituir también, excepto en las comidas asadas. No sustituya los aceites líquidos por sólidos cuando prepara las tortas, postres y galletitas.

El vino o licor se incluye en varias recetas. Si usted no toma el alcohol debido a creencias religiosas o por algún tipo de dieta, sustituya con agua o vinagre rojo o busque otra receta.

Recuérdese que cocinar es adaptable. Con la excepción de las comidas asadas – panes y postres – los ingredientes no son los únicos y se pueden cambiar. Si le gusta con más ajo, añádalo. ¿Más pedacitos de chocolate? Añada más. A medida que tiene más confianza con sus métodos y resultados, puede tratar variaciones para mantener las comidas interesantes.

Si Está Enseñando o Ayudando a Alguien a Aprender a Cocinar

No existe una experiencia más compensadora que ayudar a alguien a aprender una habilidad nueva. Uno adquiere cierta confianza y gran satisfacción cuando domina algo nuevo. El cocinar es una gran habilidad para todos – mujeres, hombres y niños. ¡Las recompensas son muchas – alimentando nuestros cuerpos, viendo los resultados y muchas veces reconocimientos positivos!

¿Cómo comienza a enseñarle a alguien a cocinar en su propio u otro idioma?

Primero, repase la receta en su propio idioma. Analícela mucho antes de cocinar para determinar si desea incluir todos los ingredientes enumerados o si desea hacer cambios o sustituciones. También, anticipe el resultado y asegúrese que es lo que usted espera. Haga cualquier modificación que desee en su propio idioma y consulte el listado de traducción para hacer los cambios en el otro idioma.

Tenga todos los ingredientes disponibles. Los términos más comunes para los ingredientes y métodos se han utilizado. Sin embargo, existen términos distintos/diferentes que se usan para artículos de comida o métodos, particularmente en español. Cuando comienza a preparar los ingredientes para la receta, identifique los artículos con el término que su aprendedor(a) conoce. Haga los cambios al término que conoce en el libro. Esto eliminará preguntas más adelante.

Analice la receta en ambos idiomas con su aprendedor(a). Identifique y nombre cada ingrediente y discuta la preparación de la receta. Asegúrese que su aprendedor(a) entiende las instrucciones de la misma forma que usted. Anote cualquier modificación y comentarios.

Prepare la receta con su aprendedor(a). Cuando haya cocinado con su aprendedor(a) varias veces, pronto se dará cuenta el nivel de su capacidad en ambos métodos de cocina y en seguir las instrucciones de las recetas. Trate de escoger un momento para "enseñar" cuando tiene tiempo para enseñar y demostrar los pasos a seguir. La secuencia pudiese comenzar con una demostración de una receta en particular desde el comienzo hasta el final, después él o ella lo puede ayudar, y entonces usted puede ayudar a su aprendedor(a). Proporcione consejos que son positivos y ayudan – el tamaño de cazuela que es mejor y por qué es mejor, las diversas maneras que se puede cocinar el pollo y que significa "dorarlo." Sea servicial, apoyarlo(a) y no criticarlo(a). Ya que existen varias maneras de cortar una cebolla, concéntrese en los resultados. Además, al final usted quiere disfrutar de la comida y estimular a su aprendedor(a) a aprender habilidades nuevas por sí solo(a).

Tenga paciencia y no tome el control de la situación. Un(a) aprendedor(a) nuevo le toma más tiempo que un cocinero con experiencia. Además se necesitan varias habilidades – leer y entender, coordinación de las manos y los ojos, conceptos del espacio que se necesita, habilidades específicas como cortar o batir, y matemáticas para las medidas y aumentar las recetas. Es posible que los pedazos de ajíes rojos o cebollas estén cortados desiguales y los pedazos de pollos también. Controle su instinto a tomar el control. Primero, pregúntese si la 'perfección' de verdad es necesaria o si es solamente su temperamento o por criticar. Entonces, pídale a su nuevo cocinero que arregle algunas cosas que merecen la pena arreglar – "¿No quisiera cortar esos pedazos grandes un poco más chiquitos para que se cocinen más rápido?" o "¿Se dio cuenta donde estaba la articulación para ver donde cortaba la pierna del muslo?" Si desea mucha perfección, esto pudiese frustrar a su aprendedor(a) y quitarle el entusiasmo y deseos de cocinar otra vez.

Alabe los resultados. Ya que la técnica de cocinar es un proceso de aprender, asegúrese de cumplimentar los esfuerzos y resultados de su aprendedor(a). Siempre debe de reconocer sinceramente sus esfuerzos – no importa los que son. Ellos deben sentir que han contribuido algo importante y que sus habilidades se aprecian. Su aprendedor(a) tendrá mucho más confianza en sí mismo(a). Y alábese usted también. ¡Hay muy pocas satisfacciones mayores que ayudar a alguien a aprender y dominar una habilidad nueva para toda la vida!

Buñuelos de Salmón

Albóndigas

Tomates Cherry Rellenos

Salsa Picante

Buñuelos de Chorizo

Guacamole o Salsa de Aguacate

Salsa de Alcachofas

Salmon Ball

Meatballs

Stuffed Cherry Tomatoes

Chili Con Casa

Sausage Balls

Guacamole

Artichoke Spread

Buñuelos de Salmón

1 (14 onz.) lata de salmón
8 onz. queso crema
1 cucharada de jugo de limón
2 cucharadas de cebolla picacada
1 cucharadita de rábano picante
½ taza pacanas picadas
3 cucharadas de perejil picado

Escurrir y desmenuzar el salmón, removiendo la piel y los huesos, luego combinarlo con el queso crema, jugo de limón, cebolla picada y rábano picante. Refrigerato la mezcla por una hora. En una vasija aparte revolver el perejil y las pacanas picadas. Después de haber dejado enfriar la mezcla del salmón, formar las bolitas y envolverlas en la mezcla del perejil y pacanas. Servir las bolitas en platos y acompañarlos con galletas.

SALMON BALL

1 14 oz. can salmon
8 oz. cream cheese
1 T. lemon juice
2 T. grated onion
1 t. horseradish
½ c. pecans, chopped
3 T. parsley, chopped

Drain and flake salmon, removing the skin and bones and place in a bowl. Combine salmon with cream cheese, lemon juice, grated onion, and horseradish. Chill 1 hour. Mix pecans and parsley together in a separate bowl. Form chilled salmon mixture into a ball. Roll in the pecan and parsley mixture. Put balls on serving platter and serve with crackers.

ALBÓNDIGAS

4 libras de carne molida
2 huevos ligeramente batidos
1 cebolla grande picada
1 botella (12 onz.) de salsa chili (picante)
1 (12 onz.)frasco de mermelada de uva o fresa
jugo de un limón

En un recipiente grande mezclar la carne molida, huevos y
cebolla. Hacer bolitas de pequeño tamaño
aproximadamente 1 pulgada de diámetro. Hornearlas en
un molde a 350° por 20 minutos. Escurrir la grasa. En otra
sartén, combinar la salsa chili, la mermelada y el jugo de
limón. Calentar esta mezcla hasta que la mermelada se
derrita. Añadir las bolitas de carne. Servir en una fuente
para calentar o pirex. Usar palillos.

TOMATES CHERRY RELLENOS

1 canasta de tomates cherry (tomates enanos)
8 onzas de queso tipo roquefort
3 onzas de queso crema
1/3 taza de vino sherry o jerez

En una taza mezclar queso tipo roquefort, queso crema
y vino sherry o jerez. Lavar los tomates y cortarles la
tapa. Con una cuchara pequeña sacarle la pulpa y botar
las semillas. Luego rellenarlos con la mezcla de queso.

MEATBALLS

4 pounds ground beef
2 eggs, slightly beaten
1 large onion, grated
1 12 oz. bottle chili sauce
1 12 oz. jar grape jelly
juice of one lemon

In a large bowl, mix together ground beef, eggs, and onion. Form into meatballs about 1 inch in diameter. Place in a single layer on a cookie sheet. Bake meatballs for 20 minutes at 350°. Drain off fat. Combine chili sauce, grape jelly, and lemon juice in a large pan. Heat so that jelly is melted. Add meatballs. Serve in a chafing dish with toothpicks.

STUFFED CHERRY TOMATOES

1 basket cherry tomatoes
8 oz. blue cheese
3 oz. cream cheese
1/3 cup sherry

In a small bowl, mix together blue cheese, cream cheese, and sherry. Wash cherry tomatoes and cut off tops. With a small spoon, scoop out and discard the seeds. Stuff the tomatoes with the cheese mix.

SALSA PICANTE

2 cebollas cabezonas picadas
1 aji verde picado
2 cucharadas de mantequilla
2 libras de queso blando tratado
1 lata (8 onz.) de tomates con so jugo
1 lata pequeña de pimentón jalapeño ajis picados
tortillas picadas

En una sartén freir la cebolla y el aji verde en
mantequilla. En otro recipiente cortar el queso y
derretir a fuego lento. Añadir la cebolla y el aji o
pimentón verde previamente fritos, tomates y jalapeños.
Batir toda la mezcla. Servirlo acompañado de tortillas.

BUÑUELOS DE CHORIZO

3 tazas de mezcla para pancakes
1½ tazas de queso amarillo rallado
1 libra de chorizo

En un recipiente mezclar todos los ingredientes. Hacer
pequeñas bolitas. Hornear a 350° por 10 a 12 minutos.

CHILI CON CASA

2 medium onions, chopped
1 green pepper, chopped
2 T. margarine
2 pound box soft processed cheese
8 oz. can stewed tomatoes with juice
1 small can hot jalapeno peppers
chopped tortilla chips

In a saucepan, saute onions and green pepper in the margarine. Cut up cheese and place in the top of a double boiler. Let cheese melt. Add the onions and pepper, tomatoes, and the jalapeno peppers. Stir to mix. Serve with tortilla chips.

SAUSAGE BALLS

3 cups biscuit mix
1½ cup sharp cheddar cheese, grated
1 pound roll sausage

In a bowl, mix ingredients together. Roll into small balls. Bake at 350° for 10 to 12 minutes.

Guacamole o Salsa de Aguacate

2 aguacates maduros
2 cucharadas de jugo de lima
1 cucharadita de sal
½ cebolla cabezona picada
5 gotas de salsa picante
1 tomate grande pelado y sin semillas, finamente picado
8 tiras de tocineta, frita y finamente picada
tortillas o hojuelas de maíz

Pelar los aguacates. En una vasija machacar los aguacates hasta que queden pure. Combinar todos los ingredientes anteriores con el aguacate machacado. Mezclar bien todo en la batidora o en un procesador de alimentos. La mezcla anterior se acompaña con tortillas.

Salsa de Alcachofas

1 (14 onz.) lata de alcachofas picadas y escurridas
¼ taza de mayonesa
½ taza de queso parmesano
galletas

En un recipiente mezclar todos los ingredientes excepto las galletas. Poner la mezcla al horno en un pirex a 350° por 25 minutos o hasta que empiece a hervir. Servir caliente con galletas.

GUACAMOLE

2 ripe avocados
2 T. lime juice
1 t. salt
½ onion, grated
5 drops hot sauce
1 large tomato with skin and seeds removed,
  chopped fine
8 strips bacon, fried crisp and chopped fine
tortilla chips

Remove skin from avocados. In a bowl, mash avocados with a potato masher. Add all other ingredients. Mix together with an electric mixer until smooth or put the entire mix through a food processor. Serve with tortilla chips.

ARTICHOKE SPREAD

1 14 oz. can artichokes, drained and chopped
¼ cup mayonnaise
½ cup parmesan cheese
crackers

In a bowl, mix all ingredients together except the crackers. Put in a shallow oven-proof dish. Bake at 350° for 25 minutes until hot and bubbling. Serve hot with crackers.

Sopa de Vegetales con Carne

Sopa de Frijoles Blancos

Sopa de Arveja Verde

Sopa de Lentejas

Sopa de Maíz con Pollo

Sopa de Cebolla

Sopa de Almeja

Minestrone

Vegetable Beef Soup

Bean Soup

Split Pea Soup

Lentil Soup

Chicken Corn Chowder

Onion Soup

Clam Chowder

Minestrone

SOPA DE VEGETALES CON CARNE

1 hueso grande para sopa
6 tazas de agua
1 cebolla grande picada
3 zanahorias peladas y picadas
2 tallos de apio picado
1 lata (32 onz.) de tomate picado
1 lata (16 onz.) de alverjas
1 lata (16 onz.) de maíz
1 lata (16 onz.) de habichuelas
2 hojitas de laurel
2 cucharadas de perejil
1 cucharadita de ajo molido
3 pepitas de pimienta negra
1 cucharada de sal

Combinar todos los ingredientes en un olla. Cocinar a baja temperatura por lo menos por 3 horas. Quitar la carne que tenga el hueso y cortarla en pedacitos. Ponerla en la olla nuevamente. Retirar el hueso, el laurel y las pepas de pimienta antes de servir.

VEGETABLE BEEF SOUP

1 large soup bone
6 cups water
1 large onion, chopped
3 carrots, peeled and sliced
2 stalks celery, sliced
1 32 oz. can tomatoes, chopped
1 16 oz. can peas
1 16 oz. can corn
1 16 oz. can green beans
2 bay leaves
2 T. parsley
1 t. garlic powder
3 peppercorns
1 T. salt

Combine all ingredients in a soup pot or Dutch oven. Simmer at low temperature for at least 3 hours. Remove soup bone. Cut off beef into small chunks and return beef to the pot. Remove bone, bay leaves and peppercorns before serving.

SOPA DE FRIJOLES BLANCOS

1 libra de frijoles blancos
1 cebolla grande picada
1 hueso grande de jamón
1 (16 onz.) tarro de tomates picados
1 cucharada de sal
10 tazas de agua

Combinar todos los ingredientes en una olla. Cocinar a fuego lento por 3 horas. Remover el hueso. Remover la carne del hueso y picarla en pedacitos y ponerla nuevamente en la olla antes de servir la sopa.

SOPA DE ARVEJA VERDE

1 libra de arveja verde seca
1 cebolla cabezona picada
3 zanahorias picadas
1 hueso de jamón o tocino
1 cucharada de sal
10 tazas de agua

Combinar todos los ingredientes en una olla para sopa. Cocinar a fuego lento por 3 horas o hasta que las arvejas estén blandas. Remover el hueso de jamón o tocino y cortarlo en pedacitos. Poner los pedacitos de jamón nuevamente en la olla, antes de servir.

Bean Soup

1 pound great northern beans
1 large onion, chopped
1 ham bone or piece of salt pork
1 16 oz. can tomatoes, chopped
1 T. salt
10 cups water

Combine all ingredients in a soup pot or Dutch oven.
Simmer at low temperature for at least 3 hours.
Remove ham bone. Cut off ham into small chunks and
return ham pieces to the pot before serving.

Split Pea Soup

1 pound split peas
1 large onion, chopped
3 carrots, peeled and chopped in small pieces
1 ham bone or piece of salt pork
1 T. salt
10 cups water

Combine all ingredients in a soup pot or Dutch oven.
Simmer at low temperature for at least 3 hours until
peas soften and seem to disappear. Remove ham bone.
Cut off ham into small chunks and return ham pieces to
the pot before serving.

SOPA DE LENTEJAS

1 libra de lentejas
1 cebolla cabezona picada
3 tallos de apio picado
1 hueso de jamón (opc.)
1 cucharada de sal
10 tazas de agua

Combinar todos los ingredientes en una olla para sopa.
Cocinar a baja temperatura por 3 horas. Remover el
hueso de jamón y desecharlo.

CREMA DE MAÍZ CON POLLO

4 cucharadas de mantequilla
1 cebolla mediana picada
4 papas medianas peladas y cortadas en
    pequenos cuadritos
2 tazas de agua
4 tazas de leche
2 (16 onz.) latas de crema de maíz
2 (7 onz.) latas de carne de pollo
    o ½ pollo deshuesado y desmenuzado sin piel

En una olla para sopa derretir la mantequilla. Sofreir la
cebolla hasta que quede blanda. Agregar los demás
ingredientes y cocinar a fuego lento hasta que las papas
esté blandas y sin dejar que la leche hierva.

LENTIL SOUP

1 pound lentils
1 large onion, chopped
3 stalks celery, chopped
1 ham bone (optional)
1 T. salt
10 cups water

Combine all ingredients in a soup pot or Dutch oven. Simmer at low temperature at least 3 hours. Remove and discard ham bone if used.

CHICKEN CORN CHOWDER

4 T. margarine
1 medium onion, chopped
4 medium potatoes, peeled and cut in small cubes
2 cups water
4 cups milk
2 16 oz. cans cream style corn
2 7 oz. cans chicken meat or 1/2 cooked chicken, skinned, boned and cut in small pieces

In a large soup pot or Dutch oven, melt margarine. Cook onion until soft. Add all other ingredients and simmer until potatoes are soft. Be sure not to boil milk.

SOPA DE CEBOLLA

6 cebollas cabezonas cortadas en rodajas
1 barra de margarina o mantequilla
¼ taza de harina de trigo
4 cubitos de magui (sabor carne)
2 cucharadas de salsa negra
12 tazas de agua
1 pan francés grande
8 onz. de queso mozarela rallado

Derretir la mantequilla en una olla y sofreir las rodajas de cebolla, hasta que esté blanda. Añadir la harina a la mezcla de cebolla y batir bien. Agregar el agua, cubos magui y salsa negra. Cocinar por una hora. Cuando esté lista para servir, colocar la en cazuelas o vasijas individuales, resistentes al fuego, cubrir con una rodaja de pan y espolvorear el queso. Colocar las cazuelas bajo el asador hasta que el queso se derrita y quede un poco dorado.

ONION SOUP

6 large onions, sliced
1 stick margarine or butter
¼ cup flour
4 beef bouillon cubes
2 T. worcestershire sauce
12 cups water
1 loaf french bread
8 oz. mozzarella cheese, grated

In a large soup pot or Dutch oven, melt the margarine and saute the sliced onions until soft. Add the flour to the onion mixture and mix thoroughly. Add water, boullion cubes and worcestershire sauce. Simmer for 1 hour. When ready to serve, put hot soup into ovenproof bowls or crocks. Cover with a thick slice of bread and sprinkle with cheese. Put bowls under the broiler for several minutes until the cheese melts and is brown.

SOPA DE ALMEJA

2 (6½ onz.) latas de almejas
4 papas medianas peladas y cortadas en
    pequeños cuadritos
1 cebolla mediana cortada en cuadraditos
1 pedazo mediano de tocino o 3 tiras de tocineta
3 tazas de leche
1 taza de crema de leche
¼ taza de harina de trigo
1 cucharada de salsa negra

Dorar el tocino o tocineta en una olla para sopa.
Retirarlo y dejarlo a un lado. Luego mezclar las papas
en cuadritos, cebolla y harina. Revolver hasta que la
harina cubra bien todos los vegetales. Luego añadir la
leche, crema de leche, salsa negra y almejas picadas en
su líquido. Cocinar a baja temperatura hasta que las
papase se ablanden, pero sin dejar hervir la leche.
Sírvase con los pedacitos de tocineta por encima.

CLAM CHOWDER

2 6½ oz. cans minced clams
4 medium potatoes, peeled and cut into small chunks
1 medium onion, diced
1 medium piece salt pork, diced or 3 pieces bacon
3 cups milk
1 cup half-and-half
¼ cup flour
1 T. worcestershire sauce

Brown salt pork or bacon in the bottom of a large soup pot or Dutch oven. Remove bits and set aside. Add potatoes, onion and flour. Stir to coat vegetables with flour. Then add milk, half-and-half, worcestershire sauce and minced clams with their liquid. Simmer very slowly until potatoes become soft, being sure not to boil the milk. Serve with bacon sprinkled on top.

MINESTRONE

1 libra de frijoles blancos
8 tazas de agua
2 zanahorias picadas
1 hueso de carne para sopa
1 cebolla grande picada
3 tallos de apio picados
1 ajo picado
2 (16 onz.) latas de tomates picados
1 (16 onz.) lata de arvejas
1 calabacín mediano, cortado en rodajas
2 tazas de coles cirtadas en tiras
1 cucharadita de sazón italiano
½ cucharadita de salvia
1 puñado de fideos espaguetis
    partidos en pedacitos

Colocar el agua y el hueso a hervir a baja temperatura por una hora. No escurrirlo. Agregar los demás ingredientes y dejar cocinar a fuego lento por una hora más. Retirar el hueso antes de servir.

MINESTRONE

1 pound white northern beans
8 cups water
2 carrots, chopped
1 beef soup bone
1 large onion, chopped
3 stalks celery, chopped
1 clove garlic, minced
2 16 oz. cans tomatoes, cut up
1 16 oz. can peas
1 medium zucchini, sliced
2 cups cabbage, shredded
1 t. Italian seasoning
½ t. ground sage
1 small handful dry spaghetti, broken in small pieces

Put the water in a large soup pot or Dutch oven.
Simmer for one hour. Do not drain. Add all other
ingredients and simmer together for at least another
hour. Remove soup bone before serving.

ENSALADAS

Ensalada de Atún
Ensalada de Huevo
Ensalada de Pollo
Ensalada de Tres Verduras
Ensalada de Pasta y Salmón
Ensalada de Pasta con Pepinillo
Ensalada de Papa
Ensalada de Papa de Lujo
Ensalada de Col
Tomates Rellenos con Requeson
Ensalada de Tacos
Pepinos en Crema de Leche Agria
Ensalada Waldorf
Ensalada Agridulce
Ensalada Cobb

ALIÑO PARA ENSALADA

Vinagreta Dijon
Salsa Rosada
Salsa para Todo Tipo de Ensalada
Salsa de Crema Italiana
Salsa de Queso Tipo Roquefort
Salsa de Semillas de Amapola

Salads

Tuna Salad
Egg Salad
Chicken Salad
Three Bean Salad
Pasta and Salmon Salad
Pickle Pasta Salad
Potato Salad
Deluxe Potato Salad
Coleslaw
Cottage Cheese Salad in Tomatoes
Taco Salad
Sour Cream Cucumbers
Waldorf Salad
Sweet and Sour Salad
Cobb Salad

Salad Dressings

Dijon Vinageratte Dressing
Thousand Island Dressing
All-Purpose Salad Dressing
Creamy Italian Dressing
Blue Cheese Dressing
Poppy Seed Dressing

ENSALADA DE ATÚN

1 lata (7 onz.) de atún
¼ taza de mayonesa o salsa de aliño
¼ taza de pepinillo encurtido picado

Escurrir el atún. En una taza, mezclar todos los
ingredientes. Refrigerar antes de servir.

ENSALADA DE HUEVO

6 huevos cocinados y picados
½ taza de mayonesa o salsa de aliño
1 taza de pepinillo encurtido picado y escurrido
1 cucharadita de sal

Pelar los huevos y picarlos finamente. Añadir los demás
ingredientes y revolver bien. Refrigerar antes de servir.

TUNA SALAD

1 7 oz. can tuna
¼ cup mayonnaise or salad dressing
¼ cup relish

Drain tuna. In a bowl, mix ingredients together and chill.

EGG SALAD

6 hard-cooked eggs
½ cup mayonnaise or salad dressing
1 cup relish, well-drained
1 t. salt

Take the shells off the eggs. In a bowl, break up the eggs in tiny pieces, either with the back of a fork or with an egg slicer. Add mayonnaise and relish and mix. Refrigerate before serving.

ENSALADA DE POLLO

2 tazas de pollo cocinado y picado en cuadraditos
½ taza de mayonesa o salsa de aliño
1 taza de de pepinillo encurtido picado
    o ¼ taza de alcaparras picadas
    o ¾ taza de uvas sin semillas picadas

En un recipiente, mezclar todos los ingredientes.
Refrigerar antes de servir.

CHICKEN SALAD

2 cups cooked chicken, diced
½ cup mayonnaise or salad dressing
1 cup relish
   or ¼ cup capers chopped
   or ¾ cup seedless grapes, halved

In a bowl, mix together all ingredients. Chill.

ENSALADA DE TRES VERDURAS

1 lata (16 onz.) de arvejas
1 lata (16 onz.) de habichuelas
1 lata (16 onz.) de habichuelas amarillas
1 lata (16 onz.) de frijoles
1 cebolla pequeña picada
1 pimentón o aji verde picado
1 taza de pimentón o aji rojo picado
2 tallos de apio picado
1 taza de vinagre
1 taza de azúcar
½ taza de aceite para ensalada
1 cucharada de sal
2 cucharaditas de pimienta
1 cucharadita de semillas de apio

Escurrir las arvejas, habichuelas, habichuelas amarillas,
frijoles verde y pimentón. En una taza mezclar todos
los vegetales, incluyendo la cebolla, pimentón y apio.
En otro recipiente mezclar el vinagre, aceite, azúcar,
sal, pimienta y semillas de apio. Poner esta mezcla
sobre los vegetales y revolver. Refrigerar por 6 horas o
desde la noche anterior. Escurrir antes de servir.

THREE BEAN SALAD

1 (16 oz.) can peas
1 (16 oz.) can green beans
1 (16 oz.) can yellow wax beans
1 (16 oz.) can kidney beans
1 small onion, minced
1 green pepper, seeded and minced
1 small jar pimento
2 stalks celery, chopped
1 cup vinegar
1 cup sugar
½ cup salad oil
1 T. salt
2 t. pepper
1 t. celery seed

Drain the peas, green beans, wax beans, kidney beans, and pimento. In a large bowl, mix the beans together along with onion, green pepper and celery. In a small bowl, mix together vinegar, oil, sugar, salt, pepper and celery seed. Pour over vegetables in the large bowl and gently mix together. Chill 6 hours or overnight. Drain before serving.

ENSALADA DE PASTA Y SALMÓN

1½ taza de pasta (caracoles, conchas, etc.)
½ taza de pimentón o aji verde picado
½ calabacín picado
2 tallos de cebolla larga picada, incluyendo las partes
    verdes
2 cucharaditas de en eldo seco
1 (7¾ onz.) lata de salmón, escurrido
2 cucharadas de jugo de limón
2 cucharadas de aceite de olivo
2 cucharadas de mayonesa o salsa de aliño

En un recipiente grande cocinar la pasta, dejarla enfriar
y escurrir. Luego en un recipiente grande mezclar bien
todos los ingredientes. Refrigerar antes de servir.

PASTA AND SALMON SALAD

1½ cup dried pasta shells, spirals or wheels
½ cup green pepper, chopped
½ small zucchini, diced
2 green onions, chopped, including green parts
2 t. dried dill
1 7¾ oz. can packed salmon, drained
2 T. lemon juice
2 T. olive oil
2 T. mayonnaise or salad dressing.

In a large pan, boil pasta. Drain and cool. In a large bowl, mix with other ingredients. Chill.

ENSALADA DE PASTA CON PEPINILLO

1 libra de pasta macarrones para sopa
¼ taza de leche
¾ taza de crema de leche agria
¾ taza de mayonesa o salsa de aliño
2 cubos de magui, de carne desmoronados
1 cebolla mediana picada
2 tomates finamente picados
6 pepinillos dulces encurtidos picados
1 pimentón o aji verde picado y sin semillas
2 tallos de cebolla larga picada incluyendo las partes
   verdes
2 cucharadas de vinagre blanco
1 cucharada de jugo pepinillo encurtido
2 cucharadas de dill seco

En un recipiente grande cocinar la pasta en agua
hirviendo, escurrirla y enjuagarla con agua fría,
escurrirla de nuevo, colocarla en un recipiente hondo y
agregarle la leche. En otra taza mezclar, crema de leche
agria, mayonesa y cubos de carne magui. Colocar esta
mezcla sobre la pasta, luego añadir pepinillos, cebolla,
tomates, pimentón verde, vinagre, jugo de pepinillos y
dill seco. Mezclar nuevamente. Refrigerar antes de
servir.

PICKLE PASTA SALAD

1 pound dry ziti pasta
¼ cup milk
¾ cup sour cream
¾ cup mayonnaise or salad dressing
2 t. beef boullion granules or 2 cubes broken up
1 medium onion, chopped fine
2 tomatoes, diced fine
6 sweet pickles, diced
1 green pepper, seeded and diced fine
2 green onion, chopped including green parts
2 T. white wine vinegar
1 T. pickle juice
2 T. dried dill

In a large pan, cook pasta in boiling water. Drain, rinse
with cold water, drain again and put in a large bowl.
Stir in milk. In a small bowl, stir together sour cream,
mayonnaise, and boullion granules. Pour over pasta.
Add pickles, onion, tomatoes, green pepper, pickle
juice, vinegar and dill. Stir gently but mix well. Chill.

Ensalada de Papa

4 papas grandes
¾ taza de mayonesa o salsa de aliño
1 taza de pepinillo dulce encurtido picado
1 cebolla mediana picada
2 cucharaditas de azúcar
2 cucharaditas de vinagre
2 cucharaditas de mostaza
2 cucharaditas de sal
2 huevos cocinados picados

En un recipiente tapado hervir las papas por 25 minutos o hasta que esten blandas. Pelarlas y picarlas en cuadritos. Agregar los demás ingredientes. Refrigerar antes de servir.

POTATO SALAD

4 large potatoes
¾ cup mayonnaise or salad dressing
1 cup chopped sweet pickle
1 medium onion, chopped
2 t. sugar
2 t. vinegar
2 t. mustard
2 t. salt
2 hard cooked eggs, chopped

In a covered saucepan, boil the potatoes for 25 minutes or until tender. Peel and cube potatoes and place in a large bowl. Add all other ingredients. Chill thoroughly before serving.

ENSALADA DE PAPA DE LUJO

12 a 13 papas de piel roja
5 ajos pelados
2 yemas de huevo a temperatura ambiente
sal y pimienta
jugo de un limón
1 cucharadita de mostaza dijon
½ taza de aceite de olivas
¼ de taza de alcaparras
1 pimentón o aji verde cortado en cuadraditos
½ libra de habichuelas cocinadas al vapor
4 cebollas largas picadas (parte blanca solamente)
¼ taza de dill fresco o 1 cucharadita de dill seco

Hervir agua en un recipiente grande. Lavar y cocinar las papas con piel hasta que estén blandas. Hervir por 15 minutos hasta que estén blandas y el tenedor entra fácilmente. Mientras tanto picar los ajos o triturarlos en la picadora, añadir luego yema de huevo, sal, pimienta, jugo de limón y mostaza, luego el aceite de oliva poco a poco. Cuando las papas estén listas, escurrirlas y picarlas con piel en cuadritos de 1 pulgadas. Luego mezclarlas con la salsa y añadir las alcaparras, el pimentón, habichuelas cocidas, de 1 pulgadas, cebolla y dill. Mezclar todo muy bien y servirla a temperatura ambiente.

DELUXE POTATO SALAD

12 or 13 red-skinned potatoes
5 cloves garlic, peeled
2 egg yolks at room temperature
salt and pepper
juice of one lemon
1 t. Dijon mustard
½ cup olive oil
¼ cup capers
1 large green pepper, seeded and cut into small strips
½ pound green beans, steamed
4 green onions, chopped (white parts only)
¼ cup chopped fresh dill or 1 T. dried dill

Boil water in a large saucepan. Scrub potatoes and put in the boiling water, leaving skins on. Boil for 15 minutes until tender and fork goes through easily. While potatoes are cooking, place garlic in a food processor or blender and puree. Add egg yolks and process until smooth. Mix in salt and pepper, lemon juice, and the mustard. With the motor running, pour in slowly the olive oil in a steady stream. Drain the potatoes and place in a large bowl, cutting in approximately 1-inch cubes. Mix in the sauce. Add the capers, pepper slices, onions, green beans, and dill and mix well. Cool to room temperature and serve.

ENSALADA DE COL

1 col mediana rallada o finamente picada
3 zanahorias picadas finamente
1 pimentón verde pequeño picado finamente
¾ taza de mayonesa
1 cucharada de vinagre
2 cucharaditas de azúcar
1 cucharadita de semillas de apio

En un recipiente mezclar todos los ingredientes.
Refrigerar antes de servir.

TOMATES RELLENOS CON REQUESON

4 tomates grandes
1 (12 onz.) paquete de requeson
1 zanahoria mediana rallada
½ pepino mediano picado
2 tallos cebolla larga incluyendo partes verdes y blancas
4 rabanos rallados
½ cucharadita de sal
1 cucharada de salsa italiana

Cortar los tomates por la mitad y sacarles la pulpa.
Escurrirlos bien. En un recipiente mediano mezclar los
demás ingredientes y rellenar los tomates.

COLESLAW

1 medium head cabbage, shredded
3 carrots, shredded
1 small green pepper, seeded and chopped
¾ cup mayonnaise
1 T. vinegar
2 t. sugar
1 t. celery seed

In a large bowl, combine all ingredients. Mix and chill before serving.

COTTAGE CHEESE SALAD IN TOMATOES

4 large tomatoes
1 12 oz. carton cottage cheese
1 medium carrot, grated
½ medium cucumber, diced
2 green onions, chopped including white and green parts
4 radishes, grated
½ t. salt
1 T. Italian dressing

Cut tomatoes in half crosswise. With a spoon, scoop out pulp and seeds. Drain. In a medium bowl, combine all other ingredients. Mix lightly and spoon into tomatoes.

ENSALADA DE TACOS

1 libra de carne molida
1 paquete de sazón para tacos
¾ taza de agua
2 tazas de queso amarillo rallado
2 tomates finamente picados
½ lechuga picada finamente
1 botella de salsa para tacos
½ taza de aceitunas picadas (opc.)
1 (16 onz.) lata de fríjoles (opc.)
½ taza de crema de leche agria
1 paquete de tortillas

En una sartén dorar la carne molida hasta que pierda el color rosado, sacar la grasa que va escurriendo, añadir la sazón para tacos y el agua. Revolver bien y cocinar a fuego lento por 15 minutos. Tomar las tortillas y desmoronarlas en platos listos para servir, luego ir agregando una capa de carne, lechuga, tomates, fríjoles, aceitunas, queso y crema de leche agria.

TACO SALAD

1 pound ground beef
1 package taco seasoning mix
¾ cup water
2 cups grated cheddar cheese
2 tomatoes chopped fine
½ head lettuce, chopped fine
1 bottle taco sauce or salsa
½ cup olives, halved (optional)
1 16 oz. can kidney beans (optional)
½ cup sour cream
1 bag tortilla chips

In a skillet, brown the beef until no longer pink. Drain fat. Add the taco seasoning mix and water. Mix thoroughly and let simmer over low heat for 15 minutes. On each plate, take a handful of tortilla chips and break up. Spread over center of plate. Then layer taco beef mixture, lettuce, tomatoes, kidney beans, olives, cheese, and sour cream.

Pepinos en Crema de Leche Agria

2 pepinos medianos finamente tajados
1 cebolla pequena finamente picada
½ taza de crema de leche agria
1 cucharada de vinagre
1 cucharadita de azúcar

Combinar los pepinos con la cebolla. Mezclar la crema de leche agria, vinagre y azúcar y luego agregarlo a los vegetales anteriores. Refrigerar revolviendo ocasionalmente.

SOUR CREAM CUCUMBERS

2 medium cucumbers, thinly sliced
1 small onion, thinly sliced
½ cup sour cream
1 T. vinegar
1 t. sugar

Combine the cucumbers and onion. Stir together sour cream, vinegar and sugar and mix with the vegetables. Chill, stirring occasionally.

ENSALADA WALDORF

4 manzanas
1 cucharada de jugo de limón
½ taza de apio
½ taza de uvas pasas
½ taza de mayonesa
1 cucharada de azúcar

Descorazonar y cortar en cubos la manzana, agregar el jugo de limón y demás ingredientes. Revolver muy bien.

WALDORF SALAD

4 apples
1 T. lemon juice
½ cup celery
½ cup raisins
½ cup mayonnaise
1 T. sugar

Core and dice apples. In a large bowl, sprinkle cut apples with lemon juice. Add in all other ingredients. Stir to coat well on all sides.

Ensalada Agridulce

5 tiras de tocineta
3 tazas de espinacas frescas, lavadas y cortadas en
   pedacitos
3 tazas de lechuga, lavadas y picadas en pedacitos
¼ taza de apio picado
¼ taza de queso tipo roquefort desmenuzado
2 cucharadas de cebolla larga verde
¼ taza de vinagre
2 cucharadas de azúcar
½ cucharadita de salsa negra

Sofreir la tocineta ahorrando la grasa. Escurrirla y
picarla. En un recipiente para ensalada revolver las
espinacas, lechuga, apio y queso tipo roquefort. Cocinar
junto con la grasa de la tocineta el vinagre, azúcar y
salsa negra por 2 minutos. Vertir esta salsa sobre la
ensalada y revolver.

SWEET AND SOUR SALAD

5 slices bacon
3 cups fresh spinach, cleaned and torn in serving pieces
3 cups leaf lettuce, cleaned and torn in serving pieces
¼ cup celery, diced
¼ cup blue cheese, crumbled
2 T. chopped green onion
¼ cup vinegar
2 T. sugar
½ t. worcestershire sauce

In a skillet, cook bacon, saving the grease. Drain the bacon and crumble. In a large salad bowl, toss the spinach, lettuce, celery and blue cheese. Add the vinegar, sugar and worcestershire sauce to the bacon drippings. Cook together for 2 minutes. Pour over salad greens in bowl and toss together.

Ensalada Cobb

2 tazas de pollo cocinado picado
2 tazas de lechuga iceburg picada
2 tazas de lechuga romaine picada
8 tiras de tocineta frita y picada
3 huevos cocinados y picados
1 aguacate pelado y picado
2 tomates medianos picados
8 a 10 aceitunas verdes picadas
2 cucharadas de vinagre rojo
1 cucharada de jugo de limón
1 cucharada de mostaza dijon
¾ tazas de aceite de oliva o de ensalada

Todos los ingredientes deben ser finamente picados. En una vasija revolver todos los ingredientes incluyendo el pollo, tocineta, huevos, aquacate, tomates, y aceitunas. En un recipiente, revolver el vinagre, jugo de limón, mostaza y aceite y ponerlo sobre los vegetales, mezclando todo muy bien.

COBB SALAD

2 cups cooked chicken, shredded
2 cups iceburg lettuce, shredded
2 cups romaine lettuce, shredded
8 strips bacon, cooked and crumbled
3 eggs, hard boiled and diced
1 avocado, peeled, pitted, and diced
2 medium tomatoes diced
8 to 10 green olives, sliced
2 T. red wine vinegar
1 T. lemon juice
1 T. dijon mustard
¾ cup olive or salad oil

All the salad pieces should be chopped very small. In a large bowl, mix all the salad parts including the chicken, bacon, eggs, avocado, tomatoes, and olives. In a small bowl or bottle, mix together the vinegar, lemon juice, mustard and oil. Thoroughly mix with the salad pieces, turning over to mix through.

VINAGRETA DIJON

2 cucharadas de mostaza dijon
¾ taza de aceite para ensalada
¼ taza de vinagre
½ cucharadita de sal
¼ cucharadita de pimienta

En un frasco o recipiente hondo, mezclar y batir todos los ingredientes.

SALSA ROSADA

1 taza de mayonesa
1 taza salsa chili
¼ taza de pepinillo encurtido picado
2 cucharaditas de jugo de limón
2 cucharaditas de azúcar

En un frasco o recipiente hondo mezclar y batir todos los ingredientes.

DIJON VINAGRETTE DRESSING

2 T. dijon mustard
¾ cup salad oil
¼ cup vinegar
½ t. salt
¼ t. pepper

In a shaker bottle, mix all ingredients.

THOUSAND ISLAND DRESSING

1 cup mayonnaise
1 cup chili sauce
¼ cup relish
2 t. lemon juice
2 t. sugar

In a shaker bottle, mix all ingredients.

SALSA PARA TODO TIPO DE ENSALADA

1 taza de aceite de oliva o de ensalada
½ taza de vinagre rojo
1 cabeza de ajo rallado
1 cucharadita de mostaza
1 cucharadita de sal
2 cucharaditas de azúcar
¼ cucharadita de pimienta

En un frasco o recipiente hondo, mezclar y batir todos los ingredientes.

SALSA DE CREMA ITALIANA

1 taza de mayonesa
½ cebolla pequeña
2 cucharadas de vinagre rojo
1 cucharada de azúcar
1 cucharadita de sazón italiano
½ cucharadita de ajo en polvo
¼ cucharadita de pimienta

Batir a media velocidad todos los ingredientes por 15 segundos en licuadora o procesador de alimentos.

ALL-PURPOSE SALAD DRESSING

1 cup olive or salad oil or mixture
½ cup red wine vinegar
1 clove garlic, crushed
1 t. dry mustard
1 t. salt
2 t. sugar
¼ t. pepper

In a shaker bottle, mix all ingredients.

CREAMY ITALIAN DRESSING

1 cup mayonnaise
½ small onion
2 T. red wine vinegar
1 T. sugar
1 t. Italian seasoning
½ t. garlic powder
¼ t. pepper

Put all ingredients in a blender or food processor.
Blend at medium speed for 15 seconds or until smooth.

SALSA DE QUESO TIPO ROQUEFORT

1 taza de crema de leche agria
3 cucharadas de mayonesa
¼ taza de suero de la leche (buttermilk)
1 ajo machacado
3 cucharaditas de queso parmesano
¾ taza de queso tipo roquefort desmenuzado

En un recipiente mezclar todos los ingredientes.

SALSA DE SEMILLAS DE AMAPOLA

1 taza de miel
½ taza de vinagre
1 taza de aceite
1 cucharada de cebolla rayada
1½ cucharadita de mostaza
2 cucharaditas de semillas de amapola

En una botella mezclar y batir todos los ingredientes.

BLUE CHEESE DRESSING

1 cup sour cream
3 T. mayonnaise
¼ cup buttermilk
1 clove garlic, crushed
3 t. parmesan cheese
¾ cup blue cheese, crumbled

In a bowl, mix all ingredients together.

POPPY SEED DRESSING

1 cup honey
½ cup vinegar
1 cup oil
1 T. grated onion
1½ t. dry mustard
2 t. poppy seeds

In a shaker jar, mix all ingredients.

Cacerola de Brocoli

Arroz

Arroz Carmelita

Zanahorias Glaseadas

Fruta al Curry

Espinacas de Crema

Torta o Fritata de Espinacas Frescas

Frijoles Hornedos

Pure de Papas

Pure de Papas Instantáneas

Ahuyamitas o Calabazas Bellotas al Horno

Boniatos en Cáscara de Naranja

Broccoli Casserole

Rice

Brown Rice

Glazed Carrots

Curried Fruit

Creamed Spinach

Fresh Spinach Frittata

Baked Beans

Mashed Potatoes

Instant Mashed Potatoes

Baked Acorn Squash

Sweet Potatoes in Orange Cups

CACEROLA DE BROCOLI

2 paquetes (10 onz.) de brocoli friado picado
1 lata de sopa de crema de champiñones
1 taza de queso blanco rallado
2 huevos bien batidos
1 taza de mayonesa
2 cucharadas de cebolla picada

En una vasija batir los huevos. Añadir crema de champiñones, mayonesa, queso y cebolla. En un pirex extender el brocoli y colocarle la salsa por encima. Hornear a 400° por 20 a 30 minutos.

BROCCOLI CASSEROLE

2 10 oz. packages of frozen chopped broccoli
1 can cream of mushroom soup
1 cup grated sharp cheese
2 eggs, well beaten
1 cup mayonnaise
2 T. grated onion

In a bowl, beat eggs. Add soup, cheese, mayonnaise, and onion. Spread broccoli evenly in a large baking dish. Spread mixed sauce over the broccoli. Bake at 400° for 20 to 30 minutes.

ARROZ

2 tazas de agua
2 cubos de gallina magui
1 taza de arroz blanco

En un recipiente con tapa, hervir el agua con los cubos de gallina, cuando el agua este hirviendo, añadir el arroz, reducir el fuego y cocinar por 30 minutos o hasta que el agua sea absorvida. Mantener el recipiente tapado mientras el arroz se está cocinando.

ARROZ CARMELITA

1 taza de arroz carmelita o moreno
2 tazas de agua
1 cucharadita de sal
1 cucharada de mantequilla o margarina

En un recipiente con tapa hervir el agua y agregar el arroz, sal y mantequilla o margarina. Cubrir y cocinar a fuego lento por 50 minutos or hasta que el agua sea totalmente absorvida.

RICE

2 cups water
2 chicken bouillon cubes
1 cup long grain white rice

In a saucepan with a lid, boil water with bouillon cubes. Once the water is boiling, pour in rice. Reduce heat to simmer and cook for 30 minutes or until all water is absorbed. Keep lid on pan while cooking.

BROWN RICE

1 cup brown rice
2 cups water
1 t. salt
1 T. margarine

In a saucepan with a lid, boil water. Once water is boiling, pour in rice, salt, and margarine. Cover tightly and simmer over low heat until all water is absorbed, about 50 minutes.

Zanahorias Glaseadas

1 libra de zanahorias, picadas y cortada
    en rodajas delgadas en forma de monedas
1 taza de mermelada de durazno
3 cucharadas de mantequilla
1 cucharada de jugo de limón

Cocinar las zanahorias en un recipiente tapado con una
pequeña cantidad de agua hasta que se ablanden.
Escurrir el agua que haya quedado y agregar los demás
ingredientes. Cocinar a fuego lento, revolviendo
ocasionalmente hasta que las zanahorias estén glaseadas
y cocinadas completamente.

GLAZED CARROTS

1 pound bag carrots, peeled and cut in
   slices like coins
1 cup peach preserves
3 T. margarine
1 T. lemon juice

Cook carrots in a covered saucepan with a small
amount of water until tender. Drain water. Add
remainder of ingredients and cook over low heat,
stirring occasionally until the carrots are coated and
cooked through.

Fruta al Curry

1 (32 onz.) lata de duraznos
1 (32 onz.) lata de peras
1 (16 onz.) lata de albaricoques
1 (16 onz.) lata de piña (trocitos)
1 (8 onz.) lata de cerezas
3 cucharadas de mantequilla o margarina
1 taza de azúcar morena
4 cucharaditas de polvo curry

Escurrir la fruta en un colador. Colocarla
uniformemente luego en un pirex, mezclar la
mantequilla, el azúcar morena y polvo curry y echarlo
encima de la fruta. Hornear a 350° por una hora.

CURRIED FRUIT

1 32 oz. can peaches
1 32 oz. can pears
1 16 oz. can apricots
1 16 oz. can pineapple chunks
1 8 oz. can cherries
3 T. margarine
1 cup brown sugar
4 t. curry powder

Drain fruit in a colander. Spread evenly in the bottom of a glass baking dish. Mix the margarine, brown sugar, and curry powder. Pour over the fruit. Bake at 350° for 1 hour.

ESPINACAS DE CREMA

2 paquetes(10 onz.) de espinacas, cocinadas picadas y
   escurridas
1 lata de crema de sopa champiñones
½ lata de cebollas fritas

En un pirex revolver las espinacas con la crema de
champiñones. Colocar la cebolla frita por encima.
Hornear a 350° por 20 minutos hasta que empiece a
hervir.

TORTA O FRITATA DE ESPINACAS FRESCAS

3 cucharadas de aceite de oliva
1 cebolla pequeña picada finamente
10 huevos
1 (10 onz.) paquete de espinacas frescas lavadas y
   picadas
1 cabeza de ajo machacada
1 cucharadita de sal
¼ cucharadita de pimienta

En una sartén de 10 pulgadas calentar el aceite y freir la
cebolla un poco. En una vasija combinar los demás
ingredientes y vertir sobre la cebolla frita. Cocinar a
fuego lento por 3 minutos, revolviendo de abajo hacia
arriba, hasta que los huevos compaten. Colocar el grupo
de huevos y espinaca en un plato de servir. Para servir
se corta en tajadas.

CREAMED SPINACH

2 10 oz. packages frozen chopped spinach,
   cooked and squeezed of all water
1 can cream of mushroom soup
½ cup french fried onions

In a bowl, mix spinach and soup. Put in a casserole
dish. Top with onions. Bake at 350° for 20 minutes
until bubbling.

FRESH SPINACH FRITTATA

3 T. olive oil
1 small onion, sliced thinly
10 eggs
1 10 oz. bag fresh spinach, cleaned and chopped
1 clove garlic, crushed
1 t. salt
¼ t. pepper

Heat a 10-inch skillet and add oil. Add onion and saute
until tender. In a large bowl, combine remaining
ingredients and blend with a whisk. Turn into skillet
with onion. Cook over low heat 3 minutes, lifting from
the bottom with a spatula until eggs are set. Slide the
circle of eggs and spinach onto a serving plate. Cut into
wedges and serve.

FRIJOLES HORNEADOS

2 latas (16 onz.) frijoles precocidos
2 cucharadas de mostaza
2 cucharadas de salsa de tomate
1 taza de azúcar morena
1 cebolla mediana picada

En una pirex mezclar todos los ingredientes. Hornear a 350° por 1 hora.

BAKED BEANS

2 16 oz. cans prepared baked beans
2 T. mustard
2 T. ketchup
1 cup brown sugar
1 medium onion, chopped

Mix all ingredients and place in a casserole dish. Bake at 350° for 1 hour.

PURE DE PAPAS

4 ó 5 papas grandes peladas, cocinadas y cortadas en
  pequeños cuadraditos
3 cucharadas de mantequilla o margarina
½ taza de leche
sal y pimienta al gusto

En una vasija grande hervir las papas, cuando estén
blandas, (el tenedor penetra fácilmente) escurrirlas y
machacarlas hasta que quede una masa suave. Añadir
los demás ingredientes. Con la batidora eléctrica
mezclar bien, hasta que quede una mezcla suave.

PURE DE PAPAS INSTANTÁNEAS

1 taza de agua
2 cucharadas de mantequilla o margarina
1 cucharadita de sal
1 taza de leche
1 taza de pure de papas instantáneas

En una vasija grande hervir el agua, leche, mantequilla,
y sal. Retirar del fuego, vertir el pure instantáneo y
revolver hasta que el líquido sea absorvido por unos 30
segundos. Para una mezcla suave agregar 1 ó 2
cucharadas más de leche.

MASHED POTATOES

4 to 5 large cooking potatoes, peeled and
    cut in medium pieces
3 T. margarine
½ cup milk
salt and pepper to taste

In a large saucepan, boil potatoes until tender (fork can
be pushed into potato easily). Drain potatoes. Mash
with a potato masher to break up. Add margaine, milk,
salt and pepper. With a electric mixer, beat until smooth
and creamy.

INSTANT MASHED POTATOES

1 cup water
2 T. margarine
1 t. salt
1 cup milk
1 cup instant mashed potatoes

In a large saucepan, heat water, milk, margarine, and
salt to boiling. Remove from heat. Stir in potatoes until
just moistened. Let stand until liquid is absorbed, about
30 seconds. Whip up with a fork and serve (Note: For
creamier potatoes, add 1 or 2 T. milk.)

Ahuyamitas o Calabazas Bellotas Horno

ahuyamitas cortadas por la mitad
(una mitad por persona)
azúcar morena
mantequilla o margarina

En un pirex, colocar las ahuyamitas cortadas, despepadas y lavadas. Colocar en el centro de cada una 1 cucharada de azúcar morena y 1 cucharada de mantequilla o margarina. Hornear a 350° por 45 minutos o hasta que estén blandas.

Boniatos en Cáscara de Naranja

3 tazas de boniatos hervidos
2 yemas de huevo
1 taza de jugo de naranja
sal y pimienta
nuez moscada
3 cucharadas de mantequilla o margarina
6 mitades de cáscara de naranja

Machacar los boniatos hasta que queden como naco y revolverlas con las yemas de huevo ya batidas. Agregar el jugo de naranja y mantequilla, espolvoreando sal, pimienta y nuez moscada. Con la batidora eléctrica revolver bien para que quede una masa suave. Rellenar las cáscaras de naranja con la mezcla. Hornear a 350° por 20 minutos o hasta que se doren.

BAKED ACORN SQUASH

acorn squashes cut in half (one half per person)
brown sugar
margarine

In a baking dish, place acorn squash pieces that have
been seeded and cleaned. Place cavity side up. In each
one, place 1 T. brown sugar and 1 T. margarine in the
middle. Bake at 350° for 45 minutes or until squash is
tender.

SWEET POTATOES IN ORANGE CUPS

3 cups boiled sweet potatoes
2 egg yolks
1 cup orange juice
salt and pepper
nutmeg
3 T. margarine
6 orange skin halves

Mash the sweet potatoes until smooth, stirring in beaten
egg yolks. Add orange juice, margarine, and sprinkle
with nutmeg. Beat with an electric mixer until smooth.
Fill the orange cups with the mixture. Bake at 350° for
20 minutes or until brown.

Carne Sofrita en Salsa o Carne Asada
Pasta
Tacos
Carne Estofada o Guisada
Carne Molida Estofada o Pulpeta
Enchiladas
Carne Adoban o Falda
Bistec Suizo
Hamburguesas de Ternera Molida a la Parmesano
Pimentones o Ajíes Verdes Rellenos
Hamburguesas
Carne Asada en Salsa Barbeque
Chili (Salsa Picante) con Carne
Lasagña
Tamales
Pollo Frito
Pollo en Miel
Pollo en Jugo de Limón
Paella de Pollo
Pollo en Salsa Italiana
Pollo a la Divan
Croquetas de Pollo al Horno
Pollo a la Paprika
Pollo al Curry
Cacerola de Pavo y Brocoli
Pollo a la Naranja
Pollo con Vegetales
Pollo con Champiñones
Pollo en Almibar de Durazno
Pollo en Piña
Pechugas de Pollo Cheddar
Pollo con Albaricoques

Continued on page 88

Pot Roast
Spaghetti
Tacos
Beef Stew
Meatloaf
Enchiladas
Marinated Flank Steak
Swiss Steak
Ground Veal Patties Parmesan
Stuffed Green Peppers
Hamburgers
Barbecued Beef
Chili
Lasagna
Tamale Pie
Fried Chicken
Honey Chicken
Lemon Chicken
Chicken Paella
Chicken Cacciatore
Chicken Divan
Baked Chicken Croquettes
Chicken Paprika
Chicken Curry
Turkey and Broccoli Casserole
Orange Ginger Chicken
Chicken with Vegetables
Chicken and Mushrooms
Peach-glazed Chicken
Pineapple Chicken
Cheddar Chicken Breasts
Chicken with Apricots

Continued on page 89

ENTREES

Continued from page 86

Pollo en Conchas de Pasta
Pollo Saltimboca
Caserola de Chorizo y Brocoli
Buñelos de Jamón
Jamón y Papas en Rodajas
Higado con Cebollas
Quiche o Cacerola
Chuletas con Sauerkraut
Chuletas de Cerdo a la Naranja
Chuletas de Cerdo en Sherry
Costillas de Cerdo con Salsa Criolla
Cacerola de Pollo y Jamón
Torta de Chorizo Polaco
Pasta en Salsa Carbonara
Pasta con Pesto
Linguine con Salsa de Almeja
Macarrones en Salsa de Queso
Lasagña de Vegetables
Cangrejo Imperial
Torticas de Cangrejo
Lenguado Horneado en Vino
Salmón en Vino y Tarragón
Salmón Estofado
Escalopes con Alcaparras
Escalopes Gratinados
Camarones Picantes
Cacerola de Atún

Continued from page 87

Chicken in Shells
Chicken Saltimbocca
Sausage Broccoli Casserole
Ham Balls
Ham and Potato Scallop
Liver and Onions
Quiche
Pork Chops with Sauerkraut
Pork Chops with Orange
Sherried Pork Chops
Country Pork Ribs with Gravy
Chicken and Ham Casserole
Polish Sausage Quiche
Pasta with Carbonara Sauce
Pasta with Pesto
Linguine with Clam Sauce
Macaroni and Cheese
Vegetable Lasagne
Crab Imperial
Crab Cakes
Flounder Baked in Wine
Salmon in Wine and Tarragon
Salmon Loaf
Scallops with Capers
Sauteed Scallops
Spiced Shrimp
Tuna Casserole

CARNE SOFRITA EN SALSA O CARNE ASADA

3 ó 4 libras de carne para asar
¼ taza de harina
¼ taza de aceite de vegetal
sal y pimienta
½ taza de vino rojo
½ taza de agua
1 cucharadita de ajo en polvo
1 cucharadita de sazón italiano
2 cucharaditas de salsa negra
1 cucharadita de cebolla en polvo
4 zanahorias peladas y cortadas en pequeños cuadritos
    de 1 pulgada
2 papas medianas peladas y picadas

En una fritadora, calentar el aceite y agregar la carne la cual se ha cubierto con la harina previamente. Dorar por ambos lados, echándole la sal y la pimienta. Agregar los demás ingredientes, cubrir y cocinar a fuego lento por 1½ horas. Añadir más agua o vino si es necesario.

POT ROAST

3 to 4 pound beef chuck roast
¼ cup flour
¼ cup vegetable oil
salt and pepper
½ cup red wine
½ cup water
1 t. garlic powder
1 t. Italian seasoning
2 t. worcestershire sauce
1 t. onion powder
4 carrots peeled and cut in 1-inch pieces
2 medium potatoes peeled and cut in chunks

In a Dutch oven, heat oil. Cover beef with the flour and brown in hot oil on both sides. Sprinkle with salt and pepper. Add remaining ingredients, cover, and simmer for 1½ hours. Add more water or wine if necessary.

PASTA

1 libra de carne molida
1 libra de chorizo o longaniza
1 cebolla cabezona grande picada
1 (32 onz.) lata de tomates
1 (16 onz.) lata de pasta de tomate
2 cucharadas de sazón italiano
2 cucharadas de ajo machacado o ajo en polvo
1 libra de pasta (espaguetis)

En una olla grande, dorar la carne, chorizo, y la cebolla, escurrir la grasa que suelte. Añadir los demás ingredientes excepto el espagueti. Dejar cocinar por una hora a fuego lento hasta que la carne esté bien cocinada. Cerca de 15 minutos antes de servir cocinar las espaguetuis, hervir de 10 a 12 minutos o hasta que estén blandos, escurrirlos en un colador. Servir los espaguetis en platos y colocarles la salsa caliente encima.

Spaghetti

1 pound ground beef
1 pound sausage roll
1 large onion, diced
1 32 oz. can of tomatoes
1 16 oz. can tomato puree or tomato paste
2 T. Italian seasoning
2 T. garlic powder or 2 garlic cloves crushed
1 pound spaghetti

In a large pan, brown ground chuck, sausage, and onion, stirring regularly. Drain off fat. Add all other ingredients except for spaghetti. Simmer for 1 hour. About 15 minutes before serving, cook spaghetti in another pan. Boil 10 to 12 minutes. Drain spaghetti in a colander and place on plates with sauce on top.

TACOS

1½ libras de carne molida
1 paquete de sasón para tacos
¾ taza de agua
½ lechuga picada finamente
3 tomates picados finamente
½ libra de queso amarillo rallado
salsa para taco
tortillas para tacos

En una sartén, dorar la carne molida, revolver
constantemente, tratando de desmenuzar la carne en
pedacitos y después escurrir la grasa. Añadir luego el
sazón para tacos y revolver nuevamente. Agregar el
agua, dejar cocinar por 15 minutos a fuego lento, hasta
que el agua se evapore. Mientras tanto preparar la
lechuga, el tomate y el queso, en recipientes separados.
Calentar los tacos en el horno por 10 minutos, hasta que
queden casi dorados. Poner la carne en otro recipiente.
Llevar todo lo anterior en su propio recipiente a la
mesa, junto con la salsa para tacos, para que cada
persona se prepare su propio taco al gusto.

TACOS

1½ pound ground beef
1 package taco seasoning mix
¾ cup water
½ head lettuce, shredded
3 tomatoes, diced fine
½ pound cheddar cheese, shredded
taco sauce
taco shells

In a frying pan, brown ground chuck, stirring regularly to break meat into small pieces. When the meat is no longer pink, drain off fat. Sprinkle on the taco seasoning mix packet and add water. Simmer for 15 minutes over low heat so that the water evaporates. Meanwhile, prepare lettuce, tomatoes, and cheese, placing each in a separate bowl. Warm taco shells in the oven for 10 minutes so they are crisp. Place the meat mixture in a separate bowl. Place all the bowls on the table along with the taco sauce so each person can assemble their own to their preference.

CARNE ESTOFADA O GUISADA

1½ libras de carne cortada en cuadritos
½ taza de harina de trigo
1 bolsa plástica o de papel
3 cucharadas de aceite para cocina
1 (16 onz.) lata de tomates
1 (16 onz.) lata de alverjas
3 papas peladas picadas
4 zanahorias peladas y cortadas enrodajas finas
2 ajos machacados o 1 cucharada de ajo en polvo
1 cucharada de sal
1 cucharadita de pimienta
1 taza de vino o agua

Poner 1/2 taza de harina en la bolsa y agregar la carne
para espolvorearla. Después que esté totalmente
cubierta de harina ponerla a dorar en una olla hasta que
quede suavemente dorada. Añadir los demás
ingredientes incluyendo la harina que haya sobrado.
Cocinar por 1½ horas a fuego lento.

BEEF STEW

1½ pounds beef chuck in cubes
½ cup flour
1 plastic or paper bag
3 T. cooking oil
1 16 oz. can tomatoes
1 16 oz. can peas
3 medium potatoes, pared and diced
4 carrots, pared and cut in slices
1 T. garlic powder or 2 garlic cloves crushed
1 T. salt
1 t. pepper
1 cup wine or water

Put flour in bag. Add meat cubes a few at a time and shake so they are covered with flour. In a large pan, heat the oil and brown the meat. Add all other ingredients, including the remaining flour and simmer for 1½ hours.

CARNE MOLIDA ESTOFADA O PULPETA

1½ libra de carne molida
1 cebolla mediana picada
1 huevo
½ taza de migas de pán
2 cucharadas de perejil
¼ taza de salsa de tomate
1 cucharada de salsa negra
2 cucharaditas de sal
½ cucharadita de pimienta

Colocar todos los ingredientes en un recipiente y revolver bien, usando las manos si es necesario. Poner la mezcla en un pirex rectangular pequeño. Hornear a 350° por 1 hora. Sacar el exceso de grasa. Servir con salsa de tomate.

MEATLOAF

1½ pounds ground beef
1 medium onion, chopped
1 egg
½ cup dry bread crumbs
2 T. parsley
¼ cup ketchup
1 T. worcesterchire sauce
2 t. salt
½ t. pepper

Put all ingredients in a bowl and mix well, using hands if necessary. Put the mixture in a small rectangular glass dish. Bake at 350° for one hour. Pour off excess fat. Serve with additional ketchup.

ENCHILADAS

1½ libra de carne molida
1½ taza de queso amarillo rallado, separado en 2 partes
1 cebolla mediana picada
1 lata (10-3/4 onz.) de sopa de crema de champiñones
1 lata (10-3/4 onz.) de sopa de tomate
1 lata (10 onz.) de salsa para enchiladas
1 paquete de tortillas de 10 piezas

En una sartén dorar la carne y escurrir la grasa, luego agregar la cebolla y la mitad del queso rallado. En otro recipiente mezclar la sopa de crema de champiñones, sopa de tomate y salsa para enchilada. En la mitad de cada tortilla colocar una cucharada de la carne con el queso, luego enrollar y colocarlas en un pirex, repitiendo el mismo procedimiento para cada tortilla. Se coloca una tras otra, y se vierte la mezcla de las sopas por encima de estas y el queso restante. Hornear a 350° por 30 minutos.

ENCHILADAS

1½ pound ground beef
1½ cups shredded cheddar cheese, divided in 2 parts
1 medium onion, chopped
1 can condensed cream of mushroom soup
1 can condensed tomato soup
1 can 10 oz. enchilada sauce
1 package 10 pieces flour tortillas

Brown beef in frying pan. When no longer pink, pour off fat. Add onion and half the cheese to the beef. In a bowl, combine the soups and the enchilada sauce. In the middle of each tortilla shell, place a heaping tablespoon of beef filling. Roll up and place side by side, seam side down in a flat baking dish. Pour sauce over all and top with the remaining cheese. Bake at 350° for 30 minutes.

CARNE ADOBAN O FALDA

1 pedazo (1½ ó 2 libras) de carne
½ taza de aceite para ensalada
½ taza de vino rojo
¼ taza de salsa soya
¼ taza de mostaza dijón
1 ajo grande machacado
¼ taza de salsa de tomate
1 cucharada de jenjibre
1 cucharadita de polvo curry
¼ cucharadita de pimienta

Mezclar todos los ingredientes, excepto el steak.
Colocar el steak en una vasija y echarle el adobo por
encima. Dejarlo tapado por espacio de 12 horas o desde
la noche anterior. Asar a la brasa.

MARINATED FLANK STEAK

1 flank steak
½ cup salad oil
½ cup red wine
¼ cup soy sauce
¼ cup dijon mustard
1 large clove garlic, crushed
¼ cup ketchup
1 T. dried ginger
1 t. curry powder
¼ t. pepper

Mix together all ingredients except the flank steak. Lay out the flank steak in a flat glass dish. Pour marinade over the steak. Cover and allow to marinate for 12 hours or overnight. Broil, or grill outdoors.

BISTEC SUIZO

1½ libra de carne para asar
¼ taza de harina de trigo
3 cucharadas de aceite vegetal
1 lata (16 onz.) de tomates picados
1 cebolla mediana picada
sal y pimienta

Cortar la carne en pedazos pequeños. Cubrirla luego
con harina. En una sartén calentar el aceite y dorar la
carne por ambos lados. Espolvorearle la sal y la
pimienta. Añadir los tomates y la cebolla picada. Cubrir
y dejar cocinar a fuego lento por una hora.

SWISS STEAK

1½ pounds beef round steak
¼ cup flour
3 T. vegetable oil
1 16 oz. can whole tomatoes, cut up
1 medium onion, chopped
salt and pepper

Cut meat into serving-sized pieces. Coat meat with the flour. In a frying pan, heat oil. Fry the meat pieces and brown on both sides. Sprinkle with salt and pepper. Add chopped tomatoes and onion. Cover and simmer for 1 hour.

HAMBURGUESAS DE TERNERA MOLIDA A LA PARMESANO

1 lata (16 onz.) de tomates picados
1 cucharada de orégano
1 cucharadita de ajo en polvo
1½ libra de carne dede ternera molida
2 huevos batidos
1 taza de migas de pan italianas
3 cucharadas de aceite para ensalada
6 tajadas delgadas de queso mozarela
6 tajadas delgadas de jamón
½ taza de queso parmesano rallado

En olla cocinar los tomates, orégano y ajo, a fuego lento por 15 minutos. Mientras esto se cocina ir formando seis (6) patties (hamburguesas). Pasar los patties por los huevos batidos y luego por la miga de pan, y luego dorarlos en el aceite caliente por ambos lados. Verter la mitad de la salsa de tomate encima de cada patty. Luego ponerlos en un pirex, colocarles la tajada de jamón y luego la de queso por encima; vertir el resto de la salsa de tomate por encima de todos los patties y espolvorearles el queso parmesano a cada uno. Hornear a 350° por 30 minutos.

GROUND VEAL PATTIES PARMESAN

1 16 oz. can crushed tomatoes
1 T. oregano
1 t. garlic powder
1½ pounds ground veal
2 eggs beaten
1 cup Italian bread crumbs
3 T. salad oil
6 thin slices mozzarella cheese
6 thin slices ham
½ cup parmesan cheese

In a pan, cook the tomatoes, oregano, and garlic. Simmer together for 15 minutes. Meanwhile, form the ground veal into 6 flat patties. Dip each patty into the beaten eggs and then cover each with bread crumbs. In a frying pan, heat the oil and brown the patties on both sides. Arrange in a flat baking dish. Spoon half the tomato sauce on top of each patty. Then put a slice of mozzarella and a slice of ham on top of each patty. Sprinkle half of the parmesan cheese on each patty; then cover with the remaining tomato sauce and the rest of the cheese. Bake at 350° for 30 minutes.

PIMENTONES O AJQES VERDES RELLENOS

4 pimentones o ajíes verdes grandes
1 libra de carne molida
1 cebolla cabezona picada
½ taza de arroz
½ taza de tomates en lata con su jugo
1 cucharadita de sal
¼ cucharadita de pimienta

Cortarles la tapa de los pimentones y sacarles toda la semilla. Lavarlos. En una olla hervir los pimentones por espacio de 5 minutos. Dejarlos luego enfriar. En un sartén freir la carne y la cebolla. Escurrir la grasa, agregar el resto de los ingredientes y dejar cocinar a fuego lento por 20 minutos. Rellenar luego los pimentos con esta mezcla y colocarlos en una bandeja para hornear. Cubrirlos con papel aluminio. Hornear a 350° por 30 minutos.

STUFFED GREEN PEPPERS

4 large green peppers
1 pound ground beef
1 small onion, chopped
½ cup rice
½ cup canned tomatoes, with juice
1 t. salt
¼ t. pepper

Cut tops off green peppers and scoop out the seeds. Wash. In a pot of boiling water, boil pepper shells for 5 minutes. In a frying pan, cook the beef and onion. Drain off the fat. Add the remainder of the ingredients and simmer for 20 minutes. Stuff the pepper shells with the filling and place in a flat baking pan. Place foil over the top to cover. Bake at 350° for 30 minutes.

HAMBURGUESAS

1 libra de carne molida
1 paquete de pan para hamburguesas
mostaza
salsa de tomate
tomate en rodaja
lechuga
cebolla en rodaja

Separar la carne en 4 pedazos. Con la mano formar las
hamburguesas. Se pueden asar en el horno o freir según
el gusto, por espacio de 5 minutos por cada lado de
acuerdo a la cocción que se desee. Colocar las
hamburguesas sobre cada pan. Los demás condimentos
se colocan sobre la mesa para que las personas se sirvan
a su gusto.

CARNE ASADA EN SALSA BARBEQUE

2 a 4 libras de carne para asar
2 cucharadas de aceite vegetal
5 cebollas grandes cortadas en rodajas
1 botella de salsa para barbeque

En una cazuela grande tapada, calentar el aceite, sofreir
la carne por ambos lados. Luego agregar las cebollas
por encima de la carne y luego la salsa barbeque. Dejar
cocinar a fuego lento por espacio de 2 horas,
revolviendo la salsa ocasionalmente mientras se cocina.

HAMBURGERS

1 pound ground beef
1 package hamburger rolls
mustard
ketchup
sliced tomatoes
lettuce
sliced onions

Separate meat into four parts. With hands, form into a flat, round patty. On a broiling pan, broil in the oven, or in a frying pan, fry the patties until the pink color is nearly gone in the center--about 5 minutes. Serve on buns. Place condiments on the table so people can serve themselves.

BARBECUED BEEF

2 to 4 pound beef brisket or flat beef roast
2 T. vegetable oil
5 large onions, sliced
1 bottle barbeque sauce

In a large covered pan, heat the oil. Cook the piece of beef on both sides. Place all the onions on top of the roast. Cover with the whole bottle of sauce. Simmer for two hours, occasionally spooning the sauce over the top while it cooks.

CHILI (SALSA PICANTE) CON CARNE

1½ libra de carne molida o carne picante
1 pimentón o aji verde, despepado y picado
1 cebolla grande picada
1 lata (16 onz.) de tomates, picados
2 lata (16 onz.) de fríjoles rojos, escurridos
1 lata (8 onz.) de salsa de tomate
1 cucharada de picante en polvo
1 cucharadita de ajo en polvo
2 cucharaditas de sal

En una sartén dorar la carne, pimentón y cebolla hasta que la carne no esté rosada. Escurrir la grasa y agregar los demás ingredientes. Dejar cocinar a fuego lento por 1 hora ó más.

CHILI

1½ pound ground beef or chili meat
1 green pepper, seeded and chopped
1 large onion, chopped
1 16 oz. can whole tomatoes, cut up
2 16 oz. cans kidney beans, drained
1 8 oz. can tomato sauce
1 T. chili powder
1 t. garlic powder
2 t. salt

In a large pan, cook meat, green pepper, and onion until beef is no longer pink. Drain off fat. Stir in remaining ingredients. Simmer for 1 hour or more.

LASAGÑA

1 libra de carne molida
1 (32 onz.) frasco de salsa para espagueti
6 pedazos de pasta para lasagna
1 (2 libra) taza de requesón
1 (8 onz.) paquete de queso mozarela rallado
¼ taza de queso parmesano rallado
4 huevos
1 cucharada de perejil

Hervir la pasta lasagna por espacio de 10 minutos o hasta que esté blanda. Escurrirla. En una sartén sofreir la carne, escurriendo la grasa, agregarle la salsa para espaguetis, reducir el fuego y dejar cocinar por 10 minutos. En otro recipiente mezclar los quesos, los huevos y el perejil. En un pirex colocar 3 pedazos de pasta que se necesite para cubrir el fondo del mismo, echarle la mitad de la salsa de carne, espandiendola muy bien sobre la pasta, lo mismo que la mitad de los quesos. Luego volver a colocar la otra capa de pasta y repetir lo mismo con la carne y el queso. Hornear a 350° por una hora. Dejar enfriar por 10 minutos antes de servir.

LASAGNA

1 pound ground beef
1 32 oz. jar spaghetti sauce
6 pieces dry lasagna
1 2-pound cup ricotta cheese
1 8 oz. package sliced mozzarella cheese
¼ cup parmesan cheese
4 eggs
1 T. parsley

In a large pan of boiling water, cook lasagna until soft—about 10 minutes. Drain. In a saucepan, brown beef until no longer pink. Drain off fat and add spaghetti sauce, simmering 10 minutes. In a bowl, combine cheeses, eggs and parsley. In a flat baking dish, lay out 3 cooked lasagne strips, slightly overlapping. Pour on half of the meat sauce and carefully spread over the noodles. Then evenly spread half the cheese mixture over the sauce. Repeat with noodles, sauce, and cheese. Bake at 350° for 1 hour. Allow to stand for 10 minutes before serving.

TAMALES

1½ libra de carne molida
1 cebolla pequeña picada
2 ajos machacados
1 lata (16 onz.) de maíz, escurrida
1 lata (15 onz.) de salsa de tomate
1 cucharada de picante
1 cucharadita de sal
1 taza de olivas verdes (aceitunas)
2 huevos
1 taza de leche
1 taza de harina de maíz
½ barra de mantequilla o margarina
¼ taza de harina de trigo
2 tazas de leche
1½ taza de queso amarillo

En una sartén dorar la carne, cebolla y ajo. Escurrir la grasa. Añadir el maíz, salsa de tomate, picante, sal y aceitunas. Colocar esta mezcla en un pirex. En una vasija honda mezclar los huevos, leche y harina de maíz, luego vertirla sobre la carne, tratando de formar una capa gruesa con la harina. Hornear a 350° por 50 minutos. En otra vasija, derretir la mantequilla, luego agregarle la harina de trigo y la leche, revolver hasta que espese. Añadir luego el queso y revolver hasta que se derrita. Servir sobre los tamales asados.

Tamale Pie

1½ pounds ground beef
1 small onion, chopped
2 cloves garlic, minced
1 16 oz. can corn, drained
1 15 oz. can tomato sauce
1 T. chili powder
1 t. salt
1 cup green olives
2 eggs
1 cup milk
1 cup corn meal
½ stick margarine
¼ cup flour
2 cups milk
1½ cup cheddar cheese, shredded

In a saucepan, brown beef, onion and garlic. Drain off fat. Stir in corn, tomato sauce, chili powder, salt, and olives. Pour this mixture into a flat baking dish. In a bowl, mix eggs, milk and corn meal and pour over the meat in the pan. Run a spoon through the mixture to mix slightly but leave plenty of corn meal on top to form a crust. Bake at 350° for 50 minutes. In a saucepan, melt margarine. Add flour and milk and cook and stir until thick. Add cheese and stir until cheese melts. Serve over the baked tamale mixture.

POLLO FRITO

1 pollo para freir picado en pedazos
½ taza de harina de trigo
½ taza de manteca o aceite
sal y pimienta

Poner a calentar el aceite o manteca en una sartén o
fritadora. En una bolsa plástica colocar la harina y
meter las presas de pollo una a una, sacudiendo bien
para que se cubran totalmente de harina. Freir en aceite
caliente, espolvoreándoles la sal y la pimienta. Voltear
varias veces para que se cocine por todos los lados,
hasta que quede bien doradito. Se cocina
aproximadamente de 30 a 45 minutos hasta que esté
dorado.

POLLO EN MIEL

1 pollo para freir picado en pedazos
¼ taza de mantequilla o margarina derretida
½ taza de miel
2 cucharadas de mostaza
2 cucharaditas de polvo curry

En un recipiente derretir la mantequilla, agregar la miel,
mostaza y polvo curry, hasta formar una salsa. Sazonar
cada una de las presas en la salsa y colocar en un pirex
grande. Cocinar por una hora a 350°.

FRIED CHICKEN

1 frying chicken, cut up
½ cup flour
½ cup shortening or oil
salt and pepper

Melt shortening in a large skillet. Put flour in a paper or plastic bag. Put chicken pieces in the bag one-by-one and shake to cover with flour. Fry in the hot shortening. While cooking, sprinkle with salt and pepper. Turn several times to cook on all sides. Cook for 30 to 45 minutes until deep brown.

HONEY CHICKEN

1 frying chicken, cut up
¼ cup margarine, melted
½ cup honey
2 T. mustard
2 t. curry powder

In a small bowl, mix melted margarine, honey, mustard, and curry powder to make a sauce. Put chicken pieces one-by-one in the sauce, turning to coat. Place in a large flat baking pan. Bake at 350° for 1 hour.

POLLO EN JUGO DE LIMÓN

4 pechugas de pollo sin hueso
1 cebolla pequeña picada
3 cucharadas de mantequilla o margarina
1 taza de jugo de limón
½ taza de miel
1 cucharada de cáscara de limón rallada
1 cucharada de maizena
¼ taza de agua

En una sartén freir la cebolla y el pollo en la
mantequilla a fuego lento por cerca de 5 minutos.
Quitar la piel del pollo a utilizar. Escurrir la grasa.
Luego colocarlo en un pirex. Preparar en un recipiente,
jugo de limón, miel, cáscara de limón y la cebolla frita.
Echar esta mezcla sobre el pollo, cubrir con papel
aluminio y hornear a 350° por 30 minutos. Destaparlo,
voltear las presas y seguir horneando por 10 minutos
más. Para espesar la salsa se utiliza un poco de maizena
o un poco de harina y añadir el agua. Esta salsa se sirve
sobre el pollo.

LEMON CHICKEN

4 boneless chicken breasts
1 small onion, minced
3 T. margarine
1 c. lemon juice
½ cup honey
1 T. grated lemon peel
1 T. cornstarch
¼ c. water

In a saucepan, melt margarine and brown the chicken pieces. Drain off fat. Lay flat in a small baking dish. In a bowl, mix lemon juice, honey and lemon peel with the onion and pour over the chicken. Cover with foil and bake at 350° for 30 minutes. Uncover, pour pan juices over, and cook another 10 minutes. Place chicken on a platter and pour in ¼ cup water mixed with the cornstarch. Stir with pan juices until thick and pour over chicken breasts.

PAELLA DE POLLO

4 pedazos de chorizo o longaniza italiana
2 tazas de pollo cocinado y desmenuzado o 8 muslos
   o alas de pollo
1 cebolla mediana picada
1 pimentón o aji pequeño picado
1 ajo picado
¾ taza de arroz
¼ cucharadita de color o achote
2 cubos de caldo magui de gallina
3 tazas de agua hirviendo
4 zanahorias peladas y picadas en cuadros
1 lata de arvejas
1 lata de alcachofas (opc.)
¼ taza de olivas verdes
8 a 10 tomates pequeños ó taza de tomate picado

En una olla mediada, dorar el chorizo. Retirar y freir la cebolla, pimentón y ajo hasta que queden un poco blandos. Agregar luego el arroz sin cocinar, cubos magui, color, zanahorias, chorizo y el agua. Dejar hervir, reducir el fuego. Añadir el pollo, cocinar por 20 minutos. Escurrir las arvejas y las alcachofas y cocinar 15 o 20 minutos más hasta que el arroz y pollo estén cocinados. Antes de servir agregar los tomates para calentarlos un poco y revolver toda la mezcla suavemente.

CHICKEN PAELLA

4 pieces Italian sausage, sliced
2 cups cooked chicken pieces or 8 chicken legs and
  wings
1 medium onion, chopped
1 small green pepper, seeded and cut in strips
1 clove garlic, minced
¾ cup rice
¼ t. turmeric
2 chicken bouillon cubes
3 cups hot water
4 carrots, peeled and cut in chunks
1 16 oz. can peas
1 16 oz. can artichokes (optional)
¼ cup green olives
8 to 10 cherry tomatoes or cup tomato wedges

In a Dutch oven, brown sausage. Remove and saute
onion, green pepper and garlic until soft. Stir in
uncooked rice, bouillon cubes, turmeric, carrots,
sausage and water. Bring to a boil. Lower heat to
simmer and arrange chicken on top. Reduce heat, cover
and simmer for 20 minutes. Quarter the artichokes and
add them along with the peas. Simmer another 15 or 20
minutes more until rice and chicken are tender. Just
before serving, add the tomatoes and heat through.

POLLO EN SALSA ITALIANA

1 bandeja de pollo para freir, cortado en pedazos
3 cucharadas de manteca o aceite
1 lata de sopa de tomate
½ taza de vino rojo seco ó 2 cucharadas de vinagre
2 ajos machacados
1 cucharada de condimento italiano
1 pimentón verde pequeño picado
1 cebolla mediana picada

En una fritadora, calentar el aceite y dorar las presas de pollo. Escurrir y sacar toda la grasa. En un recipiente, mezclar todos demás ingredientes y ponerlos sobre el pollo, cocinar a fuego lento por 45 minutos, agregar la salsa ocasionalmente. Se acompaña con espaguetis.

CHICKEN CACCIATORE

1 large frying chicken, cut up
3 T. shortening
1 can condensed tomato soup
½ cup dry red wine or 2 T. vinegar
2 cloves garlic, minced
1 T. Italian seasoning
1 small green pepper, seeded and chopped
1 medium onion, chopped

In a skillet, melt shortening and brown the chicken pieces. Drain off fat. In a small bowl, mix together remaining ingredients. Pour over chicken and simmer for 45 minutes. Spoon sauce over occasionally. Serve with spaghetti.

POLLO A LA DIVAN

½ taza de leche
1 lata de sopa de crema de champiñones
1 (10 onz.) paquete de brocoli, cocinado y escurrido
pollo o pavo en tajadas o desmenuzado cocinado
½ taza de queso amarillo rallado

En un pirex colocar y extender el brocoli, luego añadir el pollo o pavo. En un recipiente aparte mezclar la leche con la crema de champiñones y agregar la mezcla encima del pollo y el brocoli luego espolvorear el queso. Hornear a 350° por 20 minutos o hasta que hierva.

CHICKEN DIVAN

½ cup milk
1 can condensed cream of mushroom soup
1 10 oz. package frozen broccoli spears, cooked and
   drained
chicken or turkey slices or pieces, cooked
½ cup grated cheddar cheese

In a flat baking dish, arrange broccoli evenly on the
bottom. Arrange chicken pieces on top of broccoli. In a
small bowl, mix soup and milk. Pour evenly on top of
chicken. Sprinkle on grated cheese. Bake at 350° for 20
minutes until bubbling.

CROQUETAS DE POLLO AL HORNO

1 cubo caldo de gallina magui
3 cucharadas de agua caliente
½ taza de mayonesa
1 cucharada de cebolla cabezona rallada o polvo cebolla
2 tazas de pollo o pavo molido o finamente picado
1 taza de pan molido
½ taza de moronas de pan seco

En un recipiente mediano, disolver el cubo de gallina en el agua caliente. Agregar la mayonesa, la cebolla, el pollo o pavo y la taza de pan molido. Revolver bien y formar las croquetas, más o menos 6. Envolverlas en las moronas de pan y colocarlas en un pirex para hornearlas a 450° por 20 minutos o hasta que estén doradas.

BAKED CHICKEN CROQUETTES

1 chicken bouillon cube
3 T. hot water
½ cup mayonnaise
1 T. grated onion or onion flakes
2 cups ground or finely chopped cooked chicken or
    turkey
1 cup soft bread crumbs
½ cup dry bread crumbs

In a medium bowl, dissolve the bouillon cube in hot water. Mix in the mayonnaise and onion. Add the chicken and soft bread crumbs and mix. Separate the mixture into six pear-like shapes (croquettes). Roll in the dry bread crumbs and place in an ungreased baking dish. Bake at 450° for 20 minutes or until golden brown.

POLLO A LA ACHOTE

4 pechugas de pollo
2 cucharadas de aceite
1 cebolla pequeña finamente picada
¾ taza de jugo de tomate
1 cucharada de achote
1 cucharada de maizena
½ taza de yogurt sin sabor
pasta cocinada (espaguetis)

En una sartén vertir el aceite y dorar las presas de pollo. En otro recipiente freir la cebolla, escurrir la grasa que tenga el pollo y la cebolla muy bien. Mezclar luego el pollo, la cebolla, el pimentón, el jugo de tomate y dejar cocinar tapado por 35 a 40 minutos a fuego lento, agregar sal y pimienta al gusto. En un recipiente pequeño mezclar el yogurt y la maizena, agregando la mitad de la mezcla que haya en la sartén, luego vertirla nuevamente para revolver bien toda la mezcla. Seguir cocinando, revolver de vez en cuando hasta que espese la salsa sin dejarla hervir. La salsa y el pollo se sirve sobre la pasta previamente cocinada.

CHICKEN PAPRIKA

4 boneless chicken breasts
2 T. oil
1 small onion, thinly sliced
¾ cup tomato juice
1 T. paprika
1 T. cornstarch
½ cup plain yogurt
cooked noodles

In a skillet, heat oil and brown chicken pieces. Remove chicken from the pan and add onion, cooking until tender. Drain off fat and juices. Stir in tomato juice, paprika with onions and sprinkle with salt and peppper. Add chicken. Cover and simmer for 35 to 40 minutes. Remove chicken from pan and skim off fat. In a small bowl, stir cornstarch into yogurt. Stir 1/2 cup pan juices into yogurt mixture and return all to skillet. Cook and stir until thick but not boiling. Serve chicken and sauce over noodles.

POLLO AL CURRY

3 cucharadas de aceite
1 cebolla mediana finamente picada
2 cabezas de ajo machacadas
1 manzana mediana, pelada, descorazonada y picada
  finamente
½ pimentón verde picado finamente
2 cucharaditas de polvo curry
½ cucharadita de jenjibre
¼ cucharadita de cominos
3 cucharadas de harina de trigo
1½ taza de caldo de gallina o pollo
2½ tazas de pollo cocinado y picado
1 taza de yogurt sin sabor
arroz cocinado

En un sartén fritar la cebolla, ajo, pimentón verde y
manzana. Agregar el harina y los condimentos sobre el
contenido de la sartén y revolver muy bien. Añadir el
caldo de gallina y el pollo, revolviendo constántemente
para que todo se cocine. El yogurt se agrega unos
minutos antes de servir, a la salsa. Se sirve sobre el
arroz blanco.

CHICKEN CURRY

3 T. salad oil
1 medium onion, chopped fine
2 cloves garlic, minced
1 medium apple, peeled, cored and chopped fine
½ green pepper, seeded and chopped fine
2 t. curry powder
½ t. ginger
¼ t. cumin
3 T. flour
1½ cup chicken broth
2½ cups cooked, chopped chicken
1 cup plain yogurt
cooked rice

In a skillet, heat the oil and saute onion, garlic, apple, and green pepper. Sprinkle seasonings and flour over the contents of the pan and stir to mix. Add broth and chicken and stir until heated through. Stir in yogurt just before serving. Serve over rice.

CACEROLA DE PAVO Y BROCOLI

2 paquetes de brocoli cortado precocido
1 cucharada de jugo de limón
2 cucharadas de harina
2 tazas de leche
½ taza de queso suizo rallado
2 tazas de pavo cocinado y cortado en cuadros
½ taza de migas de pan blando
2 cucharadas de mantequilla o margarina
¼ taza de queso parmesano rallado

En un pirex colocar los pedazos de brocoli y rociarlo
con el jugo de limón. Luego agregar el pavo por encima
del brocoli. Revolver la harina con los quesos rallados,
luego agregar la leche y revolver. Rociar esta mezcla
sobre el brocoli y el pavo. Mezclar aparte las migas de
pan, mantequilla y queso, revolver bien y agregar sobre
la mezcla. Hornear a 350° por 45 minutos.

TURKEY AND BROCCOLI CASSEROLE

2 boxes frozen chopped broccoli
1 T. lemon juice
2 T. flour
2 cups milk
½ cup Swiss cheese, grated
2 cups turkey, diced
½ cup soft bread crumbs
2 T. margarine
¼ cup grated parmesan cheese

In a flat baking dish, separate broccoli pieces and spread evenly on the bottom. Sprinkle with the lemon juice. Spread the turkey over the broccoli. Mix the flour with the grated cheese. Pour in milk and mix. Pour over broccoli and turkey. Mix together the bread crumbs, margarine, and cheese. Spread over the pan. Bake at 350° for 45 minutes.

POLLO A LA NARANJA Y JENJIBRE

1 pollo cortado en pedazos
sal y pimienta
¼ taza de aceite
½ taza de salsa para barbecue
2 cucharadas de harina
1 taza de jugo de naranja
2 cucharadas de azúcar morena
1 cucharada fresca de jenjibre, rallado
un poco de salsa picante
1 naranja sin pelar y cortada en rodajas

En una sartén dorar el pollo en aceite. Mientras se cocina ir agregando la pimienta y la sal. En una vasija combinar la salsa para barbecue, harina, jugo de naranja, azúcar morena y jenjibre. Rociar sobre el pollo, al cual se le ha sacado el aceite sobrante. Cubrir y dejar cocinar a fuego lento por 45 minutos. Añadir las rodajas de naranja. Cocinar descubierto por otros 15 minutos o hasta que el pollo esté blando.

Orange Ginger Chicken

1 chicken, cut up
salt and pepper
¼ cup oil
½ cup barbecue sauce
2 T. flour
1 cup orange juice
2 T. brown sugar
1 T. fresh ginger, grated
dash of hot pepper sauce
1 unpeeled orange, sliced

In a skillet, brown chicken in the oil. Salt and pepper it while cooking. In a bowl, combine barbecue sauce, flour, juice, brown sugar, and ginger. Pour over chicken. Cover and simmer for 45 minutes. Add orange slices. Simmer uncovered 15 minutes until chicken is tender.

POLLO CON VEGETALES

1 pollo para freir cortado en pedazos
½ taza de harina de trigo
1 cucharadita de sal
¼ taza de aceite
½ taza de apio picado
½ taza de zanahoria picada
½ taza de champiñones picados
1 cebolla mediana picada
1 cucharada de perejil
1 cucharadita de orégano
1 taza de caldo de pollo
1 taza de vino blanco

En una bolsa plástica colocar la harina, vertir el pollo despresado y batir para que la harina lo cubra bien. En el aceite caliente dorar el pollo, luego freir la zanahoria, apio, champiñones, cebolla, perejil, y orégano por unos 5 minutos. En un pirex con tapa, colocar el pollo en el fondo y rocear los vegetales por encima, luego agregar la mezcla del caldo de pollo con el vino por encima. Hornear cubierto por una hora a 350°.

CHICKEN WITH VEGETABLES

1 frying chicken, cut up
½ cup flour
1 t. salt
¼ cup oil
½ cup celery, chopped
½ cup carrots, chopped
½ cup mushrooms, sliced
1 medium onion, sliced
1 T. parsley
1 t. oregano
1 cup chicken broth
1 cup white wine

In a plastic bag, place flour and salt. Toss chicken pieces in the flour. In a skillet with the oil, fry the chicken and remove from the pan. Add the carrots, celery, mushrooms, onion, parsley, and oregano and saute for 5 minutes. In a covered casserole dish, place the chicken with the vegetable mix on top. Mix the broth and wine together and pour over the top. Bake at 350° for 1 hour.

POLLO CON CHAMPIÑONES

1 taza de arroz sin cocinar
4 cucharadas de mantequilla o margarina
2 tazas de caldo de pollo
1 taza de pollo cocinado y desmenuzado
½ taza de queso o amarrillo rallado
8 ó 10 champiñones picados y cocinados
  en la mantequilla
½ cucharadita de color ó achote
1 cucharadita de sal

En una olla derretir la mantequilla y dorar el arroz por
1 minuto. Añadir caldo de pollo y cocinar cubierto por
30 minutos. Añadir los demás ingredientes y cocinar
por 5 minutos más.

CHICKEN AND MUSHROOMS

1 cup uncooked rice
4 T. margarine
2 cups chicken broth
1 cup cooked chicken, diced
½ cup cheddar cheese, grated
8 to 10 mushrooms, sliced and cooked in a little
  margarine
½ t. paprika
1 t. salt

In a saucepan, melt margarine and brown rice for
1 minute. Add chicken broth and cook, covered, for 30
minutes. Add remaining ingredients and cook
5 minutes longer.

POLLO EN ALMIBAR DE DURAZNO

1 pollo para freir contado en pedazos
1 (16 onz.) lata de duraznos medianos
2 cucharadas de jugo de limón
2 cucharadas de salsa de soya
3 cucharadas de mantequilla
1 cucharada de maizena

En un pirex colocar las presas de pollo. Escurrir los
duraznos, ahorrando 1/2 taza del jugo. Combinar jugo
de durazno, jugo de limón y salsa de soya. Colocar
aparte 4 tajadas de durazno y machacar los restantes.
Colocar la masa de los duraznos en la maezcla de los
jugos y poner sobre el pollo. La mantequilla cortarla en
cuadritos y colocarla por encima. Hornear por
45 minutos a 375°. Agregar los duraznos, untándolos
con la salsa y hornear por 15 minutos más. Combinar la
maizena en 2 cucharadas de agua y revolver con la salsa
del pollo, cocinando para que espese. Servir la salsa
sobre el pollo.

PEACH-GLAZED CHICKEN

1 frying chicken, cut up
1 16 oz. can peach halves
2 T. lemon juice
2 T. soy sauce
3 T. margarine
1 T. cornstarch

In a flat baking dish, arrange chicken pieces. Drain peaches, reserving 1/2 cup juice. Combine peach juice, lemon juice, and soy sauce. Set aside 4 peach halves; mash remaining peaches. Add the mashed peaches to the syrup and pour over the chicken. Dot with margarine and cook at 375° for 45 minutes, basting with the sauce. Place peaches on the top, baste with juice and bake 15 minutes longer. Combine cornstarch and 2 tablespoons water. Stir into pan juices. Cook and stir until thick. Serve with chicken.

POLLO EN PIÑA

1 pollo para freir cortado en pedazos
3 cucharadas de aceite
1 cebolla grande picada
1 ajo machacado
1 (16 onz.) lata de tomates escurridos y picados
½ taza de uvas pasas
2 cucharadas de jugo de limón
1 cucharadita de romero desflecado
1 (8 onz.) lata de piña picada

En una sartén, dorar el pollo en aceite. Sacar el pollo y
freir la cebolla hasta que quede blanda, añadir los
demás ingredientes a excepción de la piña, dejar hervir.
Reducir el fuego, agregar el pollo, cubrir y dejarlo
cocinar por 40 minutos. Calentar la piña en la salsa de
los tomates, revolviendo. Servir el pollo en platos y
rociarle la piña y salsa por encima.

PINEAPPLE CHICKEN

1 frying chicken, cut up
3 T. oil
1 large onion, chopped
1 clove garlic, minced
1 16 oz. can whole tomatoes, drained and chopped
½ cup raisins
2 T. lemon juice
1 t. rosemary, crumbled
1 8 oz. can crushed pineapple

In a large skillet, brown the chicken pieces in the oil.
Remove the chicken from the pan and brown the onion
until soft. Add the remaining ingredients, except the
pineapple, and bring to a boil. Return the chicken to the
skillet, spooning the sauce over. Reduce heat, cover and
simmer for 40 minutes. Put chicken on serving platter.
Add pineapple to the tomato sauce and heat, stirring.
Spoon the sauce over.

PECHUGAS DE POLLO CHEDDAR

4 pechugas de pollo sin piel
½ cucharadita de color ó achote
½ cucharadita de tarragón desflecado
nuez moscada
1 taza de champiñones picados
1 cebolla verde picada
½ taza de caldo de gallina
½ taza de crema de leche agria
½ taza de queso amarillo rallado

En un pirex colocar los pedazos de pollo, rociándolos
con los condimentos (color, tarragón y nuez moscada).
Añadir la cebolla y los champiñones por encima, luego
el caldo de pollo. Cubrir con papel aluminio y cocinar
por 30 minutos a 350°. Mezclar la crema de leche agria
con el queso amarillo. Quitar el papel aluminio, agregar
la mezcla de la crema de leche agria con el queso y
hornear por 15 minutos más.

CHEDDAR CHICKEN BREASTS

4 boneless skinless chicken breasts
½ t. paprika
½ t. tarragon, crushed
dash ground nutmeg
1 cup mushrooms, sliced
1 green onion, chopped
½ cup chicken broth
½ cut sour cream
½ cup cheddar cheese, shredded

Place chicken breasts in a small flat baking dish. Sprinkle with the spices. Spread the mushrooms and onion on top and pour the broth over all. Cover with foil and cook 30 minutes at 350°. Mix sour cream with cheddar cheese. Take foil off and top with sour cream and cheese mixture. Bake 15 minutes more.

POLLO CON ALBARICOQUES

4 pechugas de pollo
2 cucharadas de mantequilla
1 lata de sopa de crema de champiñones
1 taza de vino blanco
½ taza de albaricoques picados
½ cucharadita de pimienta inglesa (allspice)
arroz cocinado

En una sartén con tapa, dorar las pechugas en la
mantequilla. Remover el pollo y echarlo en la mezcla
de la crema de champiñones con el vino, revolviendo.
Añadir el albaricoque y la pimienta inglesa (allspice),
tapar y cocinar a fuego lento por 15 minutos o hasta que
quede blando. Servir sobre el arroz.

CHICKEN WITH APRICOTS

4 chicken breasts
2 T. margarine
1 can condensed cream of mushroom soup
1 cup white wine
½ cup dried apricots, chopped
½ t. ground allspice
hot cooked rice

In a skillet with a top, melt the margarine and brown the chicken breasts. Remove the chicken and stir in the soup and wine, stirring to heat. Add the apricots and allspice. Return the chicken breasts, cover, and simmer for 15 minutes until tender. Serve over the hot rice.

POLLO EN CONCHAS DE PASTA

12 conchas grandes de pasta macarroni
½ taza de apio finamente picado
2 cucharadas de cebolla picada
2 cucharadas de margarina
4 cucharaditas de maizena
2 cucharaditas de mostaza
1 taza de cerveza
1 taza de queso amarillo rallado
1 cucharada de perejil picado
1½ tazas de pollo cocinado picado

Cocinar las conchas en agua hervida, escurrirlas y dejarlas a un lado. En una sartén derretir la mantequilla y sofreír la cebolla y el apio hasta que estén blandos, añadir la maizena y la mostaza y ½ taza de cerveza, cocinar y dejar hervir. Añadir el queso y perejil y seguir cocinando hasta que el queso se derrita. En otra vasija tomar la mitad de la salsa y mezclarla con el pollo picado y rellenar con esto las conchas, las cuales se colocan en un pirex. Revolver la otra mitad de la salsa con la cerveza que sobró y agregar esta salsa por encima de las conchas. Tapar con papel aluminio y hornear a 375° por 20 minutos. Quitar el papel aluminio y hornear por 15 minutos más. Guarnecer con perejil.

CHICKEN IN SHELLS

12 large pasta shells
½ cup celery, finely chopped
2 T. onion, chopped
2 T. margarine
4 t. cornstarch
2 t. mustard
1 cup beer
1 cup cheddar cheese, shredded
1 T. parsley, chopped
1½ cups chopped cooked chicken

Cook the pasta shells in boiling water. Drain and set aside. In a skillet, melt margarine and cook celery and onion until soft. Stir in cornstarch and mustard. Add 1/2 cup of the beer. Cook and stir until bubbling. Add cheese and parsley and cook until cheese melts. In a bowl take 1/2 cup of the sauce and mix together with the chicken. Fill the shells with the chicken mixture and place them in a flat baking dish. Mix the remaining beer with the remaining sauce and pour the sauce over the filled shells. Cover with foil and bake at 375° for 20 minutes. Uncover and bake for 15 minutes more. Garnish with parsley.

POLLO SALTIMBOCA

3 pechugas de pollo grandes, sin piel sin hueso y
   partidas por la mitad
6 tajadas de jamón cocido
6 tajadas de queso mozarela
1 tomate mediano picado
½ cucharadita de salvia (sage) seco
½ taza de migas de pan
2 cucharadas de queso parmesano
2 cucharadas de perejil picado
4 cucharadas de mantequilla o margarina derretida

Colocar el pollo sobre una tabla de picar cubierto con
papel plástico, y con un mazo machacarlo para hacerlo
más delgado. Colocar un pedazo de jamón y un pedazo
de queso sobre cada pedazo de pollo, luego rociarle un
poquito de tomate y un poquito de salvia. Luego
enrollar cada pedazo de pollo un poquito apretado para
que no se salga el relleno. Combinar las migas de pan,
queso y perjil, pasar cada rollo por la mezcla anterior y
luego por la mantequilla. Colocar los rollitos en un
pirex y hornear a 350° por 45 minutos.

CHICKEN SALTIMBOCCA

3 boneless chicken breasts, skinned and halved
6 thin slices boiled ham
6 slices mozzarella cheese
1 medium tomato, seeded and chopped
½ t. dried sage
½ cup dry bread crumbs
2 T. grated parmesan cheese
2 T. parsley, chopped
4 T. margarine, melted

Place chicken on a cutting board with a piece of plastic wrap on top. With a mallet, pound meat lightly to flatten. Place a ham slice and a piece of cheese on each piece of chicken. Top with some tomato and a dash of sage. Tuck in side and roll up tightly. Combine bread crumbs, parmesan cheese and parsley. Dip chicken in melted margarine, then roll in crumbs. Place in a shallow baking dish and bake at 350° for 45 minutes.

CACEROLA DE CHORIZO Y BROCOLI

1 libra de chorizo (roll sausage)
2 huevos batidos
2 tazas de moronas de pan blando
1 (8 onz.) castañas, escurridas y cortadas en rodajas
1 (10 onz.) paquete de brocoli congelado, cocinado y
   escurrido
¾ taza de crema de leche agria
¼ taza de mayonesa
2 cucharaditas de mostaza

En una cacerola, cocinar el chorizo hasta que dore un poco. Escurrir la grasa. En un recipiente mezclar huevos, pan molido, castañas, brocoli y el chorizo ya sofrito. Colocar la mezcla en un pirex, hornear descubierto a 350° por 30 minutos. En otro recipiente mezclar la crema de leche agria, mayonesa y mostaza, colocarla por encima de la mezcla y hornear otros 10 minutos ó hasta que se caliente.

SAUSAGE BROCCOLI CASSEROLE

1 pound bulk roll sausage
2 beaten eggs
2 cups soft bread crumbs
1 8 oz. can water chestnuts, drained and sliced
1 10 oz. package frozen chopped broccoli, cooked and drained
¾ cup sour cream
¼ cup mayonnaise
2 t. mustard

In a skillet cook sausage until no longer pink. Drain off fat. In a bowl, mix eggs, bread crumbs, water chestnuts, broccoli, and sausage. Spread over the bottom of a square glass baking pan. Bake, uncovered, at 350° for 30 minutes. In a small bowl, mix sour cream, mayonnaise, and mustard. Spread over the sausage mix and bake 10 minutes longer, until hot.

BUÑUELOS DE JAMÓN

1½ libra de jamón cocinado y molido
½ libra de chorizo o longaniza
2 tazas de pan blando molido
1 taza de leche
1 taza de azúcar morena
1 cucharadita de mostaza en polvo
½ taza de vinagre
½ taza de agua

En un recipiente mezclar jamón, chorizo, pan molido y leche. Formar pequeñas bolitas e ir colocandolas en un pirex. En otra taza mezclar el azúcar morena, mostaza, agua y vinagre. Poner sobre las bolitas y hornear a 350° por una hora.

HAM BALLS

1½ pounds cooked ham, ground
½ pound bulk roll sausage
2 cups soft bread crumbs
1 cup milk
1 cup brown sugar
1 t. dry mustard
½ vinegar
½ cup water

In a bowl, mix ham, sausage, bread crumbs, and milk together. Form into small balls and put side-by-side in a flat baking pan. In a bowl, mix the brown sugar, mustard, water and vinegar together. Pour over the balls and bake at 350° for 1 hour.

JAMÓN Y PAPAS EN RODAJAS

2 tazas de jamón cocinado y cortado en cuadritos
6 papas medianas, peladas y cortadas en rodajas
   delgadas
1 cebolla cabezona finamente picada
1 taza de harina de trigo
2 tazas de leche
1 cucharada de perejil

En un pirex colocar la mitad del jamón cubrir con la
mitad de las papas y la mitad de la cebolla, espolvorear
la mitad de la harina sobre esta capa. Repetir el
procedimiento con el jamón, papas y cebolla. Salpicar
con sal y pimienta y verter el resto de la harina por
encima. Echarle leche por encima. Espolvorear el
perejil sobre toda la mezcla y hornear a 350° por 1 hora
o hasta que las papas estén blandas.

HIGADO CON CEBOLLAS

1 libra de higado cortado en 4 pedazos
1 cebolla mediana cortada en rodajas
2 cucharadas de mantequilla o margarina

En una sartén derretir la mantequilla y sofreir la cebolla
hasta que esté blanda pero no dorada. Sacar la cebolla y
freir el higado por ambos lados. Cubrirlo con la cebolla
y agregarle la sal y pimienta al gusto.

HAM AND POTATO SCALLOP

2 cups cubed cooked ham
6 medium potatoes, peeled and thinkly sliced
1 small onion, finely chopped
1 cup flour
2 cups milk
1 T. parsley flakes

In a flat baking dish, spread half the ham. Cover with half the potatoes, and half the onion. Sift half the flour evenly on top. Sprinkle with salt and pepper. Repeat layering with ham, potatoes, and onion. Sprinkle with salt and pepper and sift remaining flour evenly over the top. Pour milk over all. Sprinkle parsley on top and bake at 350° for 1 hour or until potatoes are tender.

LIVER AND ONIONS

1 pound beef liver, cut in 4 pieces
1 medium onion, sliced in rings
2 T. margarine

In a skillet, melt marjarine. Cook onions until soft but not brown. Remove onions and place liver in skillet. Cook on both sides. Cover with onions on top and sprinkle with salt and pepper.

QUICHE Ó CACEROLA

1 molde para pastel prelisto
8 tiras de tocineta o tocino
1 ramillete de cebollas largas cortada sen rodajitas
1 taza de champiñones picados
2 tazas de leche con crema
1 taza de queso suizo rallado
½ cucharadita de nuez moscada
¼ taza de harina de trigo
3 huevos

En una sartén freir la tocineta. Escurrirle la grasa en papel toalla y cortarla en pedacitos. En la grasa de la tocineta freir la cebolla hasta que esté blanda. En un recipiente mezclar el queso, la harina y la nuez moscada, incluír los huevos. Luego agregar la leche. Colocar la tocineta, la cebolla y los champiñones en el fondo del molde prelisto. Vertir la mezcla del huevo y el queso. Hornear a 350° por 40 minutos o hasta que esté dorado por encima.

QUICHE

1 prepared pie shell
8 slices bacon
1 bunch green onions, whites and half of green part
  chopped
1 cup mushrooms, sliced
2 cups half-and-half
1 cup grated swiss cheese
½ t. nutmeg
¼ cup flour
3 eggs

In a skillet, cook bacon. Drain on a paper towel and crumble when cool. In the bacon drippings, saute the onions until soft. In a bowl, toss the swiss cheese with the flour and nutmeg. Break in the eggs and stir to mix. Then stir in the half-and-half. Arrange the bacon, mushrooms and onions evenly over the bottom of the pie shell. Pour in egg and cheese mixture. Bake in a 350° oven for 40 minutes or until brown on top.

CHULETAS CON SAUERKRAUT

4 chuletas de cerdo
1 cebolla mediana picada
1 manzana picada
1 (16 onz.) lata sauerkraut, escurrida
½ taza de vino blanco o cerveza
½ cucharadita de pepas de caraway
1 hoja de laurel
pasta cocinada (espaguetis)

En una sartén con tapa, dorar la carne por ambos lados. Sacar la carne y colocar la cebolla y la manzana a sofreir, hasta que estén doraditas. Añadir sauerkraut, vino, pepas de caraway y laurel. Volver a poner las chuletas sobre esta salsa y cubrir. Reducir el fuego y cocinar por 15 minutos o hasta que las chuletas estén bien cocinadas. Servir con pasta previamente cocinada.

PORK CHOPS WITH SAUERKRAUT

4 pork chops
1 medium onion, chopped
1 apple, diced
1 16 oz. can sauerkraut, drained
½ cup white wine or beer
½ teaspoon caraway seed
1 bay leaf
cooked noodles

In a skillet with a top, brown chops on both sides. Take out the meat and replace with onion and apple and saute until brown. Stir in sauerkraut, wine, caraway seed and bay leaf. Return the pork chops to cook with the sauce. Reduce the heat and cook for 15 minutes or until chops are done. Serve with cooked noodles.

CHULETAS DE CERDO A LA NARANJA

6 chuletas de cerdo
3 cucharaditas de mantequilla o marjarina
1 taza de jugo de naranja
1 cucharadita de jenjibre
6 tajadas de naranja
¾ taza de crema de leche agria

En una sartén con tapa, dorar las chuletas en la
mantequilla. Añadir el jugo de naranja, cubrir, reducir el
fuego y dejar cocinar por 30 minutos. Rociar las
chuletas con el jenjibre y colocar las tajadas de naranja
sobre cada pedazo de chuleta. Tapar y dejar cocinar por
otros 10 minutos. Después de esto, se sacan las chuletas
y se cubren con la crema de leche agria. Se colocan en
un pirex y se ponen bajo el asador por 1 minuto.

Pork Chops with Orange

6 pork chops
3 t. margarine
1 cup orange juice
1 t. ground ginger
6 orange slices
¾ cup sour cream

In a skillet with a cover, brown pork chops in margarine. Add orange juice, cover and simmer for 30 minutes. Sprinkle chops with ginger and top each with an orange slice. Cover and cook another 10 minutes. Put chops in a flat baking dish, top with sour cream and place under the broiler for 1 minute.

CHULETAS DE CERDO EN SHERRY

4 chuletas de cerdo
2 cucharaditas de mantequilla o marjarina
1 cebolla pequeña picada
1 (6 onz.) de pasta de tomate
1 taza de yogurt sin sabor
3 cucharaditas de sherry (vino)
2 cucharadas de encurtido, finamente picado
sal y pimienta

En una sartén con tapa, derretir la mantequilla y dorar
las chuletas y la cebolla, volteándolas para que se
cocinen por ambos lados. Añadir la pasta de tomate,
yogurt y sherry. Reducir el fuego y dejar cocinar por 20
minutos o hasta que las chuletas estén bien cocidas.
Sazonar con sal y pimienta y mezclar con el encurtido.

SHERRIED PORK CHOPS

4 pork chops
2 t. margarine
1 small onion, chopped
1 6 oz. can tomato paste
1 cup plain yogurt
3 t. sherry
2 T. dill pickle, finely chopped
salt and pepper

In a skillet with a top, melt the margarine and brown the chops and onion, turning to cook the chops on both sides. Add the tomato paste, yogurt, and sherry. Reduce heat and simmer for 20 minutes until chops are cooked. Season with salt and pepper and mix in pickle.

COSTILLAS DE CERDO CON SALSA CRIOLLA

4 libras de costillas de cerdo criollas
1 cucharada de aceite vegetal
1 cebolla grande picada
1 lata de crema de apio (para sopa)
½ lata de jugo concentrado de manzana
1 cucharadita de sazón para pollo
½ cucharadita de canela molida
1 hoja de laurel
1 manzana descorazonada y picada
½ taza de apio, picado
½ taza de uvas pasas
¼ taza de leche
arroz cocinado

En una sartén sofreir las costillas en aceite caliente.
Remover las costillas, sofreir luego la cebolla hasta que
esté blanda. Añadir la sopa, concentrado de jugo de
manzana, sazón, canela, laurel y revolver. Colocar las
costillas en la sartén, cocinar a fuego lento por 45
minutos. Agregar la manzana, apio y uvas pasas.
Seguir cocinando a fuego lento, descubierto por 15
minutos más. Por último se agrega la leche. Se
acompaña con arroz.

COUNTRY PORK RIBS WITH GRAVY

4 pounds country style pork ribs
1 T. vegetable oil
1 large onion, chopped
1 can condensed cream of celery soup
½ of small (6 oz.) frozen apple juice concentrate
1 t. poultry seasoning
½ t. cinnamon
1 bay leaf
1 large apple, cored and chopped
½ cup celery, chopped
½ cup raisins
¼ cup milk
hot cooked rice

In a large skillet, brown ribs in oil. Remove ribs and cook onions in the skillet until tender. Add soup, apple juice concentrate, poultry seasoning, cinnamon, and bay leaf and mix. Return ribs to skillet. Simmer, covered for 45 minutes. Add apple, celery, and raisins. Simmer, uncovered for 15 minutes more. Add milk and heat through. Serve with rice.

CASEROLA DE POLLO Y JAMÓN

6 cucharadas de margarina
5 cucharadas de harina de trigo
2 tazas de crema de leche liviana
1 taza de agua
1 cubo de caldo de gallina
1 taza de queso parmesano
2 tazas de pollo cocinado y picado
2 tazas de jamón cocinado y picado
2 (4 onz.) latas de champiñones
1 (10 onz.) paquete de arvejas cocinadas y escurridas
8 onz. de espaguetis, cocinados y escurridos

En una sartén derretir la mantequilla y añadir la harina, revolver bien agregando poco a poco la crema, agua y el cubo de gallina, hasta que la mezcla empieze a hervir. Agregar 1/2 taza de queso parmesano. En otra recipiente grande combinar el pollo, el jamón y los champiñones, arvejas y espaguetis sin escurrir. Agregar esta mezcla a la salsa anterior. Colocar toda la mezcla en un recipiente para hornear. Espolvorear con el resto del queso y hornear a 350° por 30 minutos.

CHICKEN AND HAM CASSEROLE

6 T. margarine
5 T. flour
2 cups light cream
1 cup water
1 chicken bouillon cube
1 cup grated parmesan cheese
2 cups cooked chicken, cubed
2 cups cooked ham, cubed
2 4 oz. cans mushrooms
1 10 oz. package frozen peas, cooked and drained
8 oz. spaghetti, cooked and drained

In a saucepan, melt margarine and stir in flour.
Continue stirring and slowly pour in cream, water and
bouillon cube, until mixture comes to a boil. Stir in 1/2
cup of the parmesan cheese. In a large bowl, combine
chicken, ham, undrained mushrooms, peas, and
spaghetti. Mix in the cheese sauce. Turn everything into
a large flat baking dish. Sprinkle with the remaining
cheese. Bake at 350° for 30 minutes.

TORTA DE CHORIZO POLACO

4 huevos
1½ tazas de leche
1 cebolla pequeña picada
4 onz. de queso suizo cortado en cubitos
1 (16 onz.) lata de sauerkraut
1 libra de chorizo (Polaco), cortado en pedazos de
   ½ pulgada

En la licuadora combinar los huevos, leche, cebolla y queso. Procesar hasta que quede una mezcla suave. Engrasar el molde redondo de 10 pulgadas a utilizar. Colocar los pedazos de chorizo (Polish) en el fondo, agregar el sauerkraut el cual se ha escurrido previamente y taparla luego con la mezcla de los huevos. Hornear a 350° por 45 a 50 minutos.

POLISH SAUSAGE QUICHE

4 eggs
1½ cups milk
1 small onion, chopped
4 oz. swiss cheese, cubed
1 16 oz. can sauerkraut, drained
1 pound Polish sausage, cut in 1/2 inch pieces

In a blender, combine eggs, milk, onion, and cheese. Process until smooth. Grease a 10-inch pie pan. Spread sausage pieces over bottom. Spread sauerkraut over the sausage. Pour egg mixture over all. Bake at 350° for 45 to 50 minutes.

PASTA EN SALSA CARBONARA

4 huevos
¼ taza de mantequilla
¼ taza de crema batida
½ libra de tocineta
1 libra de pasta fettucine o linguine
¾ taza de queso parmesano rallado
3 taza de perejil picado
pimienta al gusto

Enfríar los ingredientes a temperatura ambiente. En una sartén freir la tocineta, escurrir la grasa y cortarla. Precalentar pirex a 250°. En una vasija batir los huevos con la crema batida. En otra vasija cocinar la pasta en agua hirviendo por 10 a 12 minutos o hasta que esté blanda pero masticable. Escurrirla. Colocar la pasta en el pirex caliente y añadirle la mantequilla, revolver, agregarle la mezcla de los huevos y revolver para que la pasta se cubra toda. Añadir la tocineta, el queso y el perejil, mezclar nuevamente. Echarle la pimienta por encima.

PASTA WITH CARBONARA SAUCE

4 eggs
¼ cup butter
¼ cup whipping cream
½ pound bacon
1 pound fettucine or linguine
¾ cup grated parmesan cheese
¼ cup parsley, chopped
pepper

Let all ingredients come to room temperature. In a skillet, cook bacon, drain, and crumble. Heat an oven-proof bowl in a 250° degree oven. In a bowl, beat eggs and cream until just blended. Cook pasta in another large pan in boiling water. Cook 10 to 12 minutes until pasta is soft but chewy. Drain. Put pasta in the hot bowl and toss with the butter. Pour in egg mixture and toss to coat noodles. Add bacon, cheese, and parsley and toss to mix again. Crack pepper on top.

PASTA CON PESTO

1 taza de hojas frescas de albahaca
½ taza de queso parmesano
½ taza de nueces
2 cabezas de ajo
½ taza de aceite de oliva
1 (12 onz.) paquete de linguine fresco ó seco

En el procesador de alimentos, colocar el basil, nueces
y ajo. Procesar por 30 segundos hasta que estén bien
finos. Añadir el aceite de oliva y procesar hasta que
quede una salsa suave por unos 45 segundos. Añadir el
queso parmesano y revolver. En un recipiente cocinar la
pasta siguiendo las instrucciones del paquete. Escurrirla
y colocar en la cazuela. Cuando este lista, añadirle
luego la salsa pesto.

PASTA WITH PESTO

1 cup fresh basil leaves
½ cup parmesan cheese
½ cup pine nuts or walnuts
2 cloves fresh garlic
½ cup olive oil
12 ounces fresh or dried linguine

In a food processor bowl, place basil, pine nuts, and garlic. Process for 30 seconds, until chopped fine. Add oil, process until smooth, about 45 seconds. Add parmesan cheese and mix thoroughly. In a large pan, boil pasta, following instructions on package. Drain and put back into cooking pan. Add pesto sauce to mix.

LINGUINE CON SALSA DE ALMEJA

1 cucharada de aceite para ensalada
1 ajo grande machacado
1½ taza de champiñones picados
1 (10 onz.) lata de almejas desmenuzadas
¼ taza de vino blanco
¼ taza de perejil picado
½ cucharadita de albahaca
½ cucharadita de orégano
una pizca de pimienta
16 onz. de linguine, cocinada y escurrida

En una sartén, sofreir el ajo en al aceite. Escurrir las almejas y reservar el jugo. Añadir los champiñones y almejas, cocinar hasta que los champiñones se ablanden. Agregar luego el jugo de la almeja, vino, perejil, albahaca, orégano y pimienta. Reducir el fuego y cocinar por 5 minutos más. Mezclar luego con el linguine caliente y servir.

LINGUINE WITH CLAM SAUCE

1 T. salad oil
1 large clove garlic, minced
1-1/2 cup mushrooms, sliced
1 10 oz. can minced clams
¼ cup white wine
¼ cup chopped parsley
½ t. basil
½ t. oregano
dash pepper
16 oz. linguine, cooked and drained

In a saucepan, saute garlic in the oil. Drain clams and reserve the juice. Add mushrooms and clams and cook until mushrooms are tender. Stir in clam juice, wine, parsley, basil, oregano and pepper. Simmer for 5 minutes. Toss mixture with hot pasta.

MACARRONES EN SALSA DE QUESO

1 paquete de macarrones con salsa de queso
½ barra de mantequilla o margarina
1 taza de leche

En una olla grande hervir el agua y agregar los macarrones. Hervir por 10 minutos y luego escurrirlos. Agregar a los macarrones la mantequilla, la leche y el paquete que contiene la mezcla de queso. Mezclar todo muy bien.

MACARONI AND CHEESE

1 package macaroni and cheese
½ stick margarine
1 cup milk

In a large saucepan, boil water and add the macaroni from the box. Boil 10 minutes and drain. Put macaroni back in the pot and stir in the margarine and milk. Add the contents of the cheese packet and mix thoroughly.

LASAGÑA DE VEGETALES

6 tiras de pasta para lasagña
1 (10 onz.) de espinacas congeladas y picadas
2 cucharaditas de mantequilla o margarina
1 cebolla mediana y picada
1 ajo machacado
1½ taza de pure de tomate
1 cucharadita de basil (albahaca)
2 cucharaditas de orégano
½ cucharadita de sal
¼ cucharadita de pimienta
1 taza de zanahorias ralladas
1 taza de calabacín rallado
12 onz. de requesón
1 taza de queso mozarella rallado
1 cucharada de queso parmesano

Cocinar la pasta lasagña en el agua hirviendo hasta que ablande y escurrir. Escurrir el agua que contengan las espinacas descongeladas. En una sartén derretir la mantequilla y dorar en ella la cebolla y el ajo. Añadir el pure de tomate y los condimentos, cocinar a fuego lento por 10 minutos. En una vasija, recipiente mezclar las espinacas, zanahoria, calabacín con el requesón. Untar 1/4 de taza de salsa de tomate en el fondo de un pirex, agregar 3 tiras de lasagña, agregar la mitad de la mezcla de los vegetales, y la mitad del queso mozarella, luego se repite la acción empezando con la salsa de tomate. Por último se agrega el queso parmesano. Hornear a 350° de 30 a 45 minutos.

VEGETABLE LASAGNA

6 lasagna noodles
1 10 oz. package frozen chopped spinach
2 t. margarine
1 medium onion, chopped
1 clove garlic, minced
1½ cup tomato puree
1 t. basil
2 t. oregano
½ t. salt
¼ t. pepper
1 cup carrots, grated
1 cup zucchini, grated
12 oz. cottage cheese
1 cup mozzarella, shredded
1 T. parmesan cheese

Cook lasagna noodles in boiling water until tender and drain. Thaw spinach and squeeze out water. In a skillet, melt the margarine and brown the onion and garlic. Add the tomato puree and seasonings and simmer for 10 minutes. In a bowl, mix spinach, carrot, and zucchini with the cottage cheese. Spread about 1/4 cup tomato sauce in the bottom of a flat baking dish. Lay out 3 noodles on the bottom. Spread 1/2 vegetable mixture; sprinkle with 1/2 the mozzarella and 1/2 the tomato sauce. Repeat with noodles, vegetables, and tomato. Sprinkle with parmesan cheese. Bake in 350° oven for 30 to 45 minutes.

CANGREJO IMPERIAL

1 libra de carne de cangrejo
½ taza de mayonesa
1 cucharada de jugo de limón
½ cucharadita de sal
½ cucharadita de mostaza en polvo
2 cucharaditas de salsa negra
1 cucharada de polvo de cebolla
½ taza de migas de pan

En una taza mezclar todos los ingredientes, excepto la carne de cangrejo. Separar las conchas que vienen dentro de la carne. Colocar la mezcla en 4 conchas individuales o toda la masa en un molde de hornear. Hornear a 450° de 10 a 15 minutos o hasta que esté dorado por encima e hirviendo.

CRAB IMPERIAL

1 pound crab meat
½ cup mayonnaise
1 T. lemon juice
½ t. salt
1 t. dry mustard
2 t. worcestershire sauce
1 T. dried onion flakes
½ cup dried bread crumbs

In a bowl, mix all ingredients except the crab meat. Pick over crab meat and remove shells. Fold in the crab very carefully. Put mixture in 4 individual shells or all in a casserole dish. Bake at 450° for 10 to 15 minutes until brown on top and bubbling.

TORTICAS DE CANGREJO

1 libra de carne de cangrejo
1 huevo, ligeramente batido
1 cucharadita de mostaza en polvo
2 cucharaditas de mayonesa
1 cucharadita de salsa negra
1 cucharadita de perejil picado
½ taza de leche
12 galletas saltinas desmoronadas

En una taza mezclar todos los ingredientes excepto la leche y las galletas. Mezclar cuidadosamente tratando de no desmenuzar la carne. Formar 8 pastelitos, pasarlos por la leche y luego por la miga de galleta. Colocarlos luego en un pirex o recipiente para hornear a 375° por 20 minutos.

CRAB CAKES

1 pound crab meat, picked over
1 egg, slightly beaten
1 t. dry mustard
2 t. mayonnaise
1 t. worcestershire sauce
1 t. parsley, chopped
½ cup milk
12 saltine crackers, crushed

In a bowl, combine all ingredients except milk and crackers. Mix carefully to avoid breaking lumps of crab meat. Form into 8 cakes, dip in milk, then in cracker crumbs. Place on lightly greased baking sheet and bake at 375° for 20 minutes.

LENGUADO HORNEADO EN VINO

3 libras de filete de lenguado
2 tazas de vino blanco
sal y pimienta
1 cucharadita de mantequilla o margarina
1 cucharadita de tomillo
2 cucharaditas de perejil picado

En un pirex, colocar el pescado. Vertir el vino sobre este, espolvorearle la sal, la pimienta y el tomillo. La mantequilla se coloca en pequeños cuadritos por encima. Hornear a 450° por 10 minutos. Al tiempo de servir se rocea el perejil picado.

SALMÓN EN VINO Y TARRAGÓN

1½ libras de filete de salmón
2 cucharadas de mantequilla
sal y pimienta
2 cucharadas de jugo de limón
¼ taza de vino blanco
½ cucharadita de tarragón

En un pirex engrasado, colocar los filetes de salmón, frotarles con la mantequilla. Mezclar los demás ingredientes y ponerlos sobre el pescado. Hornear a 450 por 10 minutos.

FLOUNDER BAKED IN WINE

3 pounds flounder filets
2 cups white wine
salt and pepper
1 t. margarine
1 t. thyme
2 t. parsley, chopped

In a greased baking dish, lay out fish flat in the bottom. Pour wine over fish and sprinkle with salt, pepper, and thyme. Dot with margarine. Bake at 450° for 10 minutes or until fish flakes easily. Sprinkle with parsley.

SALMON IN WINE AND TARRAGON

1½ pounds salmon fillets
2 T. margarine
salt and pepper
2 T. lemon juice
¼ cup white wine
½ t. tarragon

In a greased flat baking dish, place salmon. Rub with margarine. Mix remaining ingredients and pour over fish. Bake at 450 for 10 minutes.

SALMÓN ESTOFADO

1 (16 onz.) lata de salmón
1 huevo
½ taza de migas de pan
2 cucharaditas de jugo de limón
½ barra de mantequilla derretida
1 cebolla pequeña picada
½ cucharadita de sal
¼ cucharadita de pimienta
1 cucharadita de perejil
1 pizca de nuez moscada en polvo

En una taza colocar el salmón, sacarle los huesos y quitarle la piel, luego desmenuzarlo. Agregar los demás ingredientes y vertir en una refractaria o pirex. Hornear a 350° por 35 minutos.

SALMON LOAF

1 16 oz. can salmon
1 egg
½ cup bread crumbs
2 t. lemon juice
½ stick margarine, melted
1 small onion, chopped
½ t. salt
¼ t. pepper
1 t. parsley
dash nutmeg

In a bowl, put salmon and pick out bits of skin and bone. Mash. Mix in all other ingredients and put in a 4x4x8 inch loaf pan. Bake at 350° for 35 minutes.

ESCALOPES CON ALCAPARRAS

1 libra de escalopes grandes
sal y pimienta
2 cucharadas de mantequilla o margarina
3 cucharadas de alcaparras
1 cucharadita de vinagre vino blanco
1 cucharada de perejil picado

Cortar cada escalope en dos. Espolvorearles la sal y la pimienta. En una sartén sofreirlos en mantequilla de 3 a 5 minutos. Remover de la sarten, colocarlos en un plato y añadir las alcaparras y vinagre, revolviendo para que cocine. Poner la salsa sobre los escalopes. A tiempo de servir agregar el perejil.

ESCALOPES GRATINADOS

1 libra de escalopes pequeños
4 cucharadas de migas de pan
3 cucharadas de margarina
½ cucharadita de albahaca
½ cucharadita de perejil
3 cucharadas de vino blanco o jugo de limón

Pasar los escalopes por las migas de pan. Derretir la mantequilla en una sartén y freirlos, luego agregarle la albahaca y el perejil. Por último se agrega el vino, se reducir el fuego y se cocina por 5 minutos.

SCALLOPS WITH CAPERS

1 pound large scallops
salt and pepper
2 T. margarine
3 T. capers
1 t. white wine vinegar
1 T. parsley, chopped

Cut scallops in half to make two circles each. Sprinkle
with salt and pepper. In a skillet, saute 3 to 5 minutes in
margarine. Remove from the pan to a platter and add
the capers and vinegar, stirring to cook. Pour sauce over
scallops. Sprinkle with parsley and serve.

SAUTEED SCALLOPS

1 pound small scallops
4 T. bread crumbs
3 T. margarine
½ t. basil
½ t. parsley
3 T. white wine or lemon juice

Roll scallops in bread crumbs. In a skillet, melt
margarine and fry scallops, sprinkling with the basil and
parsley. Add wine and simmer for 5 minutes.

CAMARONES PICANTES

2 libras de camarones
1 taza de agua
1 cerveza o taza de vinagre
2 cucharaditas de sazón para comida marina

En una olla hervir el agua, cerveza o vinagre y sazón. Vertir los camarones. Cubrir y reducir el fuego y cocinar de 3 a 5 minutos hasta que los camarones estén rosados. Luego se pelan. Servir con mantequilla derretida o salsa cocktail.

SPICED SHRIMP

2 pounds shrimp
1 cup water
1 can beer or 1 cup cider vinegar
2 t. seafood seasoning

In a saucepan, boil water, vinegar or beer and seasoning
to a boil. Stir in shrimp. Cover and simmer 3 to 5
minutes until shrimp is pink. Peel and devein. Serve
with melted butter or cocktail sauce.

CACEROLA DE ATÚN

1 (7 onz.) lata de atún
1 lata de crema de champiñones
½ taza de leche
2 tazas de pasta cocinada
2 cucharadas de perejil picado
½ taza de papas fritas desmoronadas

En una taza mezclar la crema de champiñones y la leche. Vertir luego el atún, la pasta cocinada y el perejil. Colocar la mezcla en un pirex o recipiente para hornear y agregar las papas fritas desmoronadas por encima. Hornear la mezcla a 350° por 30 minutos.

TUNA CASSEROLE

1 7 oz. can tuna, drained
1 can cream of mushroom soup
½ cup milk
2 cups cooked noodles
2 T. parsley, chopped
½ cup crushed potato chips

In a bowl, mix soup and milk. Mix in tuna, noodles and parsley. Turn into a small baking dish. Top with potato chips. Bake at 350° for 30 minutes.

Bizcochuelos (Bizcochos)

Torta de Maíz

Pan de Plátano o Banano

Muffins

Muffins con Uvas Silvestres Moras

Tostadas Francesas

Pancakes (Tortas)

Torta de Harina (Waffles)

BREADS

BIZCOCHUELOS (BIZCOCHOS)

2 tazas de harina de trigo
2½ cucharaditas de polvo de hornear
½ cucharadita de sal
1 taza de manteca
¾ taza de leche

Precalentar horno a 400°. En una taza, mezclar la
harina, polvo de hornear y la sal. Agregar la manteca,
con la batidora, mezclar la para evitar que se formen
grumos. Vertir la leche y mezclar hasta que quede una
masa suave. En una superficie enharinada, extender la
masa, dejándola de ½ pulgada de grueso. Con un
cortador redondo de 2 pulgadas, tajar los bizcochuelos.
Hornearlos en un recipiente liso por 12 ó 15 minutos o
hasta que estén dorados por encima.

BISCUITS

2 cups flour
2½ t. baking powder
½ t. salt
1 cup shortening
¾ cup milk

Preheat oven at 400°. In a bowl, mix flour, baking powder and salt. With a fork or pastry blender, mix in the shortening, breaking up the dough so it is like meal. Stir in the milk and mix until just blended. On a floured surface, spread out dough, patting it to be about ½-inch high all over. With a 2-inch circle cutter, cut out bisquit shapes. Bake in a flat pan for 12 to 15 minutes or until brown on top.

TORTA DE MAÍZ

1 taza de harina de maíz
1 taza de harina de trigo
¼ taza de azúcar
4 cucharaditas de polvo de hornear
1 taza de leche
1 huevo
¼ taza de aceite

Precalentar horno a 425°. En un recipiente mezclar todos los ingredientes, por un minuto. Engrasar el molde o pirex cuadrado y vertir la mezcla. Hornear por 25 minutos o hasta que dore (o hasta que empieze a separarse por los lados). Dejar enfriar y cortar en 9 cuadritos.

CORNBREAD

1 cup cornmeal
1 cup flour
¼ cup sugar
4 t. baking powder
1 cup milk
1 egg
¼ cup salad oil

Preheat oven at 425°. In a bowl, mix all the
ingredients. Stir until just mixed, about 1 minute.
Grease an 8-inch square baking pan and pour mixture in
it. Bake for 25 minutes or until brown and pulling
slightly away from the sides. Cut into 9 squares.

PAN DE PLÁNTANO O BANANO

1¾ taza de harina de trigo
1 cucharada de polvo de hornear
½ cucharadita de bicarbonato
1 taza de azúcar
1 taza de margarina
2 huevos
2 plátanos pelados y machacados
½ taza de nueces o almendras picadas

Precalentar el horno a 350°. En un recipiente, batir la margarina y el azúcar. Añadir los huevos y seguir batiendo. Agregar los ingredientes secos (harina, polvo de hornear, bicarbonato, azúcar) y luego los plátanos o bananos machacados, seguir batiendo muy bien la mezclae, incluir las nueces o almendras picadas. Engrasar el molde de 8x4x2 a utilizar. Hornear la mezcla por 60 minutos o hasta que al insertar la punta del cuchillo salga limpia. Dejar enfriar en el molde por 10 minutos. Luego sacarlo y cortarlo en cuadritos.

BANANA BREAD

1¾ cup flour
1 T. baking powder
½ t. baking soda
1 cup sugar
1 cup shortening
2 eggs
2 small ripe bananas, mashed
½ cup chopped nuts

Preheat oven at 350°. In a bowl, cream the sugar and shortening with an electric mixer. Add the eggs, beating until smooth. Add the dry ingredients—flour, powder, soda and sugar—and mix. Then add bananas and beat until well mixed. Fold in the nuts. Turn batter into a greased 8x4x2-inch loaf pan. Bake for 60 minutes or until a toothpick inserted in the center comes out clean. Cool in pan for 10 minutes. Remove from pan and cool.

MUFFINS

1¾ taza de harina de trigo
¼ taza de azúcar
3 cucharadas de polvo de hornear
1 huevo batido
¾ taza de leche
¼ taza de aceite

Precalentar horno a 400°. En una taza, combinar los huevos, leche y aceite, luego agregar la harina, azúcar y polvo de hornear. En molde engrasado o moldes individuales de papel, vertir la mezcla, tratando de llenar 2/3 de la mezcla en los moldes. Hornear por 20 a 25 minutos.

MUFFINS

1¾ cup flour
¼ cup sugar
3 T. baking powder
1 beaten egg
¾ cup milk
¼ cup oil

Preheat oven at 400°. In a bowl, combine egg, milk, and oil and mix. Stir in flour, sugar, and baking powder. Stir until just mixed. Grease muffin cups or line with paper muffin cups. Fill 2/3 full and bake for 20 to 25 minutes.

MUFFINS CON UVAS SILVESTRES MORAS

½ taza de margarina derretida
½ taza de azúcar
2 huevos
1 (8 onz.) yogurt sin sabor
2 tazas de harina de trigo
1 cucharadita de polvo de hornear
½ cucharadita de bicarbonato
1 cucharadita de cáscara de limón rallado
1 taza de uvas silvestres (blueberries)

Precalentar el horno a 375°. En una taza mezclar huevos, margarina, azúcar y luego agregar el yogurt, harina, polvo de hornear, bicarbonato y cáscara de limón, batiendo bien cada vez que se agrege un ingrediente. Agregar las uvas y batir suavemente. Vertir la mezcla en moldes previamente engrasados. Hornear por 25 minutos.

BLUEBERRY MUFFINS

½ cup melted margarine
½ cup sugar
2 eggs
8 oz. cup plain yogurt
2 cups flour
1 t. baking powder
½ t. baking soda
1 t. grated lemon rind
1 cup blueberries

Preheat oven at 375°. In a large bowl, beat together eggs, margarine and sugar. Stir in yogurt. Add flour, baking powder, baking soda and lemon rind until just blended. Fold in blueberries. Spoon batter into greased muffin cups. Bake 25 minutes.

TOSTADAS FRANCESAS

3 huevos
1 taza de leche
2 cucharadas de margarina
8 tajadas de pan blanco

En un recipiente, batir los huevos, y agregar la leche, hasta que todo quede bien batido. En una sartén derretir o calentar la mantequilla. Pasar cada tajada de pan, por la mezcla de los huevos y la leche, y luego dorarla en la mantequilla caliente, por ambos lados. Se sirve con miel.

FRENCH TOAST

3 eggs
1 cup milk
2 T. margarine
8 slices of white bread

In a bowl, beat eggs with a hand mixer. Mix in milk until well blended. In a skillet, melt margarine. Dip bread slices one-by-one to coat. Fry in the skillet, turning once to cook both sides. Serve with syrup.

PANCAKES (TORTAS)

1 taza de mezcla para pancake
1 taza de leche
1 cucharada de aceite
1 huevo
3 cucharadas de mantequilla

En un recipiente, mezclar todos los ingredientes
excepto la mantequilla. En una sartén, calentar la
mantequilla y colocar una cucharada de la mezcla,
tratando de hacer circulos de aproximadamente 4
pulgadas. Cocinar hasta que las burbujas que se forman
por encima se rompan o la parte de abajo esté dorada.
Voltear y dorar por el lado contrario. Continuar
haciendo los pancakes hasta que la masa se termine.
Servir con miel, y mantequilla.

(Nota: Agregar más leche para una masa más suave, o
menos leche para una masa más gruesa.)

PANCAKES

1 cup pancake mix
1 cup milk
1 T. vegetable oil
1 egg
3 T. margarine

In a bowl, mix all ingredients except the margarine until just blended. In a skillet, melt margarine. Pour spoonfulls of batter onto the skillet making circles about 4 inches across. Cook until small bubbles form on top of pancakes and begin to break. Turn and brown on opposite side. Continue making pancakes until batter is finished. Serve with syrup and margarine.

(Note: Add more milk for thinner batter; reduce milk for thicker batter.)

Torta de Harina (Waffles)

1 taza de mezcla para pancake
1 taza de leche
1 cucharada de aceite
1 huevo

En un recipiente, mezclar todos los ingredientes.
Calentar el molde de hierro ó waflera de acuerdo a las
direcciones. Se coloca 1/2 taza de la masa sobre el
molde (hacia el centro del mismo), se baja la tapa. La
torta estará lista cuando deje de hervir. (La tapa de la
waflera se elevará a medida que la masa se cocina.)

WAFFLES

1 cup pancake mix
1 cup milk
1 T. vegetable oil
1 egg

In a bowl, mix all ingredients together. Heat an electric waffle iron according to directions. Pour 1/2 cup batter evenly over the iron but mostly in the middle. Pull top down. Waffles will be finished when steaming stops. (Note: The top of the waffle iron will rise as it cooks.)

Galletas con Pedacitos de Chocolate

Galletas de Avena

Galletas de Mantequilla de Maní

Brownies

Crispetas

Galletas de Melaza (Molasses)

Polvorosas

Galletas de Azúcar

Galletas de Matrimonio Mexicanas

Galletas de Coco

Chocolate Chip Cookies

Oatmeal Cookies

Peanut Butter Cookies

Brownies

Krispie Squares

Molasses Cookies

Snickerdoodles

Sugar Cookies

Mexican Wedding Cookies

Coconut Cookies

COOKIES

GALLETAS CON PEDACITOS DE CHOCOLATE

2 barras de margarina
¾ tazas de azúcar morena
¾ tazas de azúcar refinada
1 cucharada de extracto de vainilla
2 huevos
2¼ tazas de harina de trigo
1 cucharada de bicarbonato
1 (12 onz.) bolsa de pedacitos de chocolate
1 taza de nueces picadas

En un recipiente hondo, batir la mantequilla, azúcares, y extracto de vainilla con batidora eléctrica. Añadir los huevos y batir por 2 minutos más. Luego añadir la harina y el bicarbonato, batiendo para que todo quede bien mezclado. Añadir los pedacitos de chocolate y las nueces. Revolver nuevamente. Engrasar ligeramente el molde donde se van a hornear las galletas. Tomar una cucharada grande como medida para hacer las galletas y colóquelas 1 pulgada aparte una de otra en el molde. Calentar el horno a 325°, hornearlas por 10 minutos o hasta que esten doradas. Dejarlas enfriar sobre papel toalla. Hace 50 galletas.

CHOCOLATE CHIP COOKIES

2 sticks margarine
¾ cup brown sugar
¾ cup white sugar
1 T. vanilla
2 eggs
2¼ cups flour
1 T. baking soda
1 12 oz. bag chocolate chips
1 cup pecans, chopped

In a large bowl, cream margarine, sugars, and vanilla with an electric mixer. Add eggs and mix until smooth, about 2 minutes. Mix in flour and soda and beat thoroughly. Stir in chocolate chips and nuts. Grease a cookie sheet lightly. Drop by large teaspoonsfuls on the sheet, about 1 inch apart. Preheat oven to 325°. Bake until just brown, about 10 minutes. Allow to cool on wire racks or on paper towelling. Makes 50 cookies.

GALLETAS DE AVENA

¾ tazas de margarina
1 taza de azúcar morena
2 huevos
2 cucharadas de extracto de vainilla
1 taza de harina de trigo
¾ cucharadita de bicarbonato
1 cucharadita de canela molida
¼ cucharadita nuez moscada
2 tazas de avena, sin cocinar
1 taza de uvas pasas

En un recipiente hondo batir la margarina y el azúcar
con la batidora. Añadir el extracto de vainilla y los
huevos, batir todo nuevamente por 2 minutos. Agregar
luego el harina, el bicarbonato, la canela y las nuez
moscada. Batir bien nuevamente. Vertir luego la avena
y las uvas pasas, revolver la mezcla suavemente.
Calentar el horno a 350°. Engrasar el molde donde se
van a hornear y tomar la medida de una cucharada
grande para hacerlas. Hornear por 12 a 15 minutos.
Dejarlas enfriar sobre papel toalla. Hace 40 galletas.

OATMEAL COOKIES

¾ cup shortening
1 cup packed brown sugar
2 eggs
2 T. vanilla
1 cup flour
¾ t. baking soda
1 t. cinnamon
¼ t. nutmeg
2 cups oats, uncooked
1 cup raisins

In a large bowl, cream shortening and sugar with an electric mixer. Mix in vanilla and eggs until well blended, about 2 minutes. Add the flour, soda, cinnamon, and nutmeg. Beat with mixer. Then stir in oats and raisins to make a stiff dough. Preheat oven to 350°. On a greased cookie sheet, drop by large spoonfuls. Bake 12 to 15 minutes until brown but soft. Cool on wire racks or on paper towelling. Makes 40 cookies.

GALLETAS DE MANTEQUILLA DE MANÍ

1 barra de margarina
½ taza de azúcar refinada
½ taza de azúcar morena
2 cucharaditas de extracto de vainilla
1 huevo
½ taza de mantequilla de maní
1¼ tazas de harina de trigo
¾ cucharaditas de bicarbonato

En un recipiente hondo, batir la margarina y los azúcares, agregar la vainilla, y los huevos poco a poco, batir por espacio de 2 minutos. Agregar la mantequilla de maní, luego la harina y el bicarbonato. Calentar el horno a 375°. Formar bolitas de 2 centimetros o de 1 pulgada. Engrasar el molde a utilizar, colocar las bolitas e ir aplastándolas con un tenedor y con los dientes darles diseño tipo cruzado. Hornear por 10 minutos o hasta que estén suavemente doradas. Dejarlas enfriar sobre papel toalla. Hace 40 galletas.

PEANUT BUTTER COOKIES

1 stick margarine
½ cup white sugar
½ cup packed brown sugar
2 t. vanilla
1 egg
½ cup peanut butter
1¼ cup flour
¾ t. baking soda

In a large bowl, cream margarine and sugars with an electric mixer. Blend in vanilla and the egg, mixing about 2 minutes. Blend in peanut butter, then flour and baking soda. Preheat oven to 375°. Shape dough into 1-inch balls. On a greased cookie sheet, mash slightly with the tines of a fork, then mash from the other direction, to make a criss-crossed pattern. Bake for 10 minutes until slightly brown. Cool on wire racks or on paper towelling. Makes 40 cookies.

BROWNIES

¾ taza de cocoa en polvo
½ cucharadita de bicarbonato
1 taza de aceite vegetal
½ taza de agua hirviendo
2 taza de azúcar
2 huevos
1 taza de harina
1 cucharadita de extracto de vainilla
1 taza de nueces picadas

En una vasija, mezclar la cocoa con el bicarbonato, agregar la mitad del aceite. Añadir el agua caliente batiendo rápidamente hasta que la mezcla espese. Agregar el azúcar, huevos, resto del aceite, la harina, el extracto de vainilla, las nueces y batir todo para que quede bien mezclado. Calentar el horno a 350° y poner la mezcla en una pirex de 13x9 pulgadas, previamente engrasado. Hornear de 35 a 40 minutos. Dejar enfriar y cortar en cuadritos.

BROWNIES

¾ cup powdered cocoa
½ t. baking soda
1 cup vegetable oil
½ cup boiling water
2 cups sugar
2 eggs
1 cup flour
1 t. vanilla
1 cup chopped nuts

In a bowl, mix cocoa and baking soda. Mix in a ½ cup of the vegetable oil. Add the boiling water and stir until the mixture thickens. Stir in sugar, eggs, and the remaining oil. Add flour, vanilla, and nuts and blend until completely mixed. Preheat oven to 350° and pour mixture into a lightly greased 13x9 inch glass baking dish. Bake for 35 to 40 minutes. Cool and cut into squares.

CRISPETAS

1 taza de mantequilla de maní
1 (6 onz.) paquete de caramelo en trocitos
¼ taza de leche
3 tazas de rice krispie cereal

En baño de María, derretir la mantequilla de maní, junto con el caramelo y la leche. Agregar el cereal. Poner la mezcla en una pirex. Dejar enfriar y cortar en cuadritos.

KRISPIE SQUARES

1 cup peanut butter
1 6 oz. package butterscotch pieces
¼ cup milk
3 cups toasted rice cereal

In a double boiler, melt peanut butter with butterscotch pieces and milk. Stir in rice cereal. Spread in square baking pan, cool, and cut into squares.

GALLETAS DE MELAZA (MOLASSES)

1 taza de azúcar
1 taza de azúcar morena
2 barras de margarina
2 huevos
2 cucharaditas de extracto de vainilla
¼ taza de melaze (molassas)
4 tazas de harina de trigo
1½ cucharaditas de bicarbonato
1 taza de coco rayado

En un recipiente, batir la margarina y los azúcares con la batidora eléctrica. Añadir los huevos, el extracto de vainilla y la melaza. Agregar la harina y el bicarbonato. Batir continuamente. Agregar el coco. Formar pequeñas bolitas, colocar 2 pulgadas una de otra y hornear a 375° en molde previamente engrasado por espacio de 10 a 12 minutos. Hace 60 galletas.

Molasses Cookies

1 cup sugar
1 cup brown sugar
2 sticks margarine
2 eggs
2 t. vanilla
¼ cup molasses
4 cups flour
1½ t. baking soda
1 cup coconut

In a bowl, cream margarine and sugars together with an electric mixer until fluffy. Add eggs, vanilla, and molasses and mix. Add flour and baking soda and beat thoroughly. Stir in coconut. Shape into small balls and place on greased cookie sheet about 2 inches apart. Bake at 375° for 10 to 12 minutes. Makes 60 cookies.

POLVOROSAS

2 barras de margarina
2½ tazas de azúcar
2 huevos
2¾ tazas de harina de trigo
2 cucharaditas de cremor tártaro
1 cucharadita de bicarbonato
3 cucharadas de azúcar
3 cucharaditas de canela molida

En una vasija, con batidora eléctrica mezclar margarina, azúcar y huevos. Añadir la harina, crema tártara y el bicarbonato. Refrigerar la masa por una hora. En una vasija, mezclar el azúcar y canela molida. Luego hacer pequeñas bolitas, pasándolas por la mezcla de azúcar y canela mólida previamente lista. Colocarlas en un molde previamente engrasado a 400° por espacio de 10 minutos.

SNICKERDOODLES

2 sticks margarine
2½ cups sugar
2 eggs
2¾ cups flour
2 t. cream of tartar
1 t. baking soda
3 T. sugar
3 t. cinnamon

In a bowl, cream together margarine, sugar, and eggs with an electric mixer. Add flour, cream of tartar, and baking soda. Mix thoroughly. Chill the dough for 1 hour. In a small bowl, mix the sugar and cinnamon together. Roll dough into small balls. Roll each in the mixture of sugar and cinnamon. Place 2 inches apart on an ungreased cookie sheet. Bake at 400° for 10 minutes.

GALLETAS DE AZÚCAR

2 barras de margarina
1½ taza de azúcar
1 huevo
1 cucharadita de extracto de vainilla
2½ tazas de harina de trigo
1 cucharadita de bicarbonato
1 cucharadita de cremor tártaro

En un recipiente, batir el azúcar y la margarina, hasta que quede una crema suave. Agregar los huevos y la vainilla. Añadir los ingredientes secos, harina, bicarbonato y el cremor tártaro. Refrigerar la masa por una hora. Cortar la masa de diferentes formas (cuadrados, circulos) de ¼ de pulgada o según se desee. Hornear a 375° por 10 a 12 minutos. Decorar según se desee.

SUGAR COOKIES

2 sticks margarine
1½ cups sugar
1 egg
1 t. vanilla
2½ cups flour
1 t. baking soda
1 t. cream of tartar

In a bowl, cream margarine and sugar until fluffy with an electric mixer. Add flour, cream of tartar, and baking soda. Beat in egg and vanilla. Chill dough for 1 hour. Roll out dough ¼ inch thick and cut in circles or use cookie cutters to cut shapes for decorating. Bake at 375° for 10 to 12 minutes. Frost or decorate as desired.

GALLETAS DE MATRIMONIO MEXICANAS

1 barra de margarina derretida
¾ taza de azúcar pulverizada
1 cucharadita de extracto de vainilla
2 tazas de harina de trigo
1 taza de nueces picadas
azúcar pulverizada para espolvorear

En un recipiente, batir la margarina, vainilla y el azúcar, hasta que quede una mezcla suave. Agregar la harina y las nueces, batir bastante bien. Refrigerar por 30 minutos. Luego formar pequeñas bolitas de 1 pulgada. Engrasar la bandeja donde se van a hornear a 375° por 12 a 15 minutos. Enfriar sobre papel toalla. Mientras las galletas permanezcan tibias, pasarlas por el azúcar pulverizada. Hace 48 galletas.

MEXICAN WEDDING COOKIES

1 stick margarine, softened
¾ cup confectioners' sugar
1 t. vanilla
2 cups flour
1 cup finely chopped pecans
confectioners' sugar for rolling

In a bowl, cream together margarine, sugar, and vanilla with electric mixer until fluffy. Stir in flour, then nuts, until well blended. Chill 30 minutes. Shape into 1 inch balls. Place on ungreased cookie sheet and bake at 375° for 12 to 15 minutes. Roll in confectioners' sugar while still warm.

GALLETAS DE COCO

2 barras de mantequilla
1 taza de azúcar
2 huevos
1 cucharadita de bicarbonato
1 cucharadita de extracto de vainilla
2 tazas de harina de trigo
1 taza de coco rallado

En un recipiente, batir la mantequilla y el azúcar con la batidora eléctrica. Añadir los huevos uno a uno. Añadir el bicarbonato, el extracto de vainilla y la harina y seguir batiendo. Agregar el coco. En el recipiente a hornear, tomar la medida de una cucharadita para formar las galletas. Hornear a 350° por 10 a 12 minutos. Hace 120 pequeñas galletas.

COCONUT COOKIES

2 sticks margarine
1 cup sugar
2 eggs
1 t. baking soda
1 t. vanilla
2 cups flour
1 cup shredded coconut

In a bowl, cream margarine and sugar with an electric mixer. Add eggs, one at a time. Add in the vanilla, baking soda, and flour and mix thoroughly. Stir in the coconut. Drop by teaspoonsfuls on a cookie sheet. Bake at 350° for 10 to 12 minutes. Makes 120 small cookies.

Mezcla Para Ponque o Torta Corriente

Torta Pudín

Torta de Zanahoria

Cubierta de Mantequilla para Torta

Torta de Ron

Pudín Instantáneo

Pastel de Calabaza

Pastel de Manzana

Pastel de Lima

Pastel de Coco

Pastel de Chocolate

Picadillo Celeste

Bizcocho de Durazno

Panetela de Naranja y Coco

Torta a la Watergate

Torta de Queso

Torta de Chocolate con Nueces

Torta de Compota de Manzana

Manzanas Aderezadas

Standard Cake Mix

Pudding Cake Mix

Carrot Cake

Buttercream Frosting

Rum Cake

Instant Pudding

Pumpkin Pie

Apple Pie

Key Lime Pie

Coconut Pie

Chocolate Pie

Heavenly Hash

Peach Cobbler

Orange Coconut Pound Cake

Watergate Cake

Cheesecake

Fudge

Applesauce Cake

Apple Crisp

DESSERTS

MEZCLA PARA TORTA CORRIENTE

1 paquete mezcla torta corriente
2 huevos
2 tazas de agua

Calentar el horno a 350°. Engrasar dos moldes redondos o uno grande cuadrado. En un recipiente hondo con la batidora, batir el paquete de torta, los huevos y el agua por 2 minutos a alta velocidad. Colocar luego en los moldes y hornear de 30 a 40 minutos, probar con un cuchillo hasta que la punta salga limpia. Enfriar y adornar con una cubierta de crema del paquete por encima o cumbierta de crema de mantequilla del sabor que se desee.

STANDARD CAKE MIX

1 packaged cake mix
2 eggs
2 cups water

Preheat oven to 350°. Grease and flour two round cake pans or one flat baking pan. In a large bowl, mix together mix, eggs, and water and beat with an electric mixer for 2 minutes at high speed. Pour into pans and bake 30 to 40 minutes or until a toothpick inserted in the center comes out clean. Cool and frost with packaged frosting or use Buttercream Frosting.

TORTA DE PUDÍN

1 paquete de mezcla para torte con pudín
1¼ tazas de agua
½ taza de aceite vegetal
3 huevos

Precalentar el horno a 350°. Engrasar dos moldes redondos o uno grande. En un recipiente hondo, en la batidora, batir todos los ingredientes por 3 minutos a alta velocidad. Colocar la masa en los moldes y hornear de 30 a 40 minutos o hasta que la punta del cuchillo salga limpia. Enfriar y adornar con una capa de crema del sabor que se desee o usar crema de mantequilla.

PUDDING CAKE MIX

1 packaged cake mix with pudding
1¼ cups water
½ cup vegetable oil
3 eggs

Preheat oven to 350°. Grease and flour 2 round or one square cake pan. In a large bowl, mix together cake mix, water, oil and eggs and beat with an electric mixer for 2 minutes at high speed. Pour into pans and bake 30 to 40 minutes or until a toothpick inserted in the center comes out clean. Cool and frost with packaged frosting or use buttercream frosting.

TORTA DE ZANAHORIA

½ taza de margarina
1 taza de azúcar blanca
½ cucharadita de cáscara de naranja rallada
2 huevos
1 taza de agua
2 tazas de harina de trigo
1½ cucharadita de bicarbonato
1½ de polvo de hornear
¼ cucharadita de nuez moscada
¼ cucharadita de clavos
1½ tazas de uvas pasas picadas
2 tazas de zanahorias cruda rallada

En un recipiente hondo mezclar con la batidora la mantequilla y la cáscara de naranja. Agregar los huevos uno a uno y el agua. Añadir los ingredientes secos (harina, polvo de hornear, bicarbonato, nuez moscada, clavos) hasta formar una masa suave. Agregar las uvas pasas y las zanahorias. Precalentar el horno a 350°. Utilizar dos moldes redondos de 8 pulgadas, los cuales deben ser engrasados y enharinados previamente. Hornear por 35 minutos o hasta que la punta del cuchillo salga limpia. Enfriar por 5 minutos en los moldes. Luego sacarlo, dejarlo enfriar un poco más y adornarlo con una cubierta de crema de mantequilla. Hace una torta de 2 capas.

CARROT CAKE

½ cup shortening
1 cup white sugar
½ t. grated orange peel
2 eggs
1 cup water
2 cups flour
1½ t. baking powder
1½ t. baking soda
¼ t. nutmeg
¼ t. cloves
1½ cups raisins, coursely chopped
2 cups finely grated raw carrots

In a large bowl, cream together shortening and peel with an electric mixer. Beat in eggs, one at a time, and add water. Add dry ingredients—flour, baking powder, baking soda, nutmeg, and cloves—and beat to make a smooth batter. Stir in raisins and carrots. Preheat oven to 350. Pour batter into 2 8-inch round cake pans that have been greased and floured. Bake for 35 minutes or until a toothpick inserted in the middle comes out clean. Cool in pans for 5 minutes; turn out on wire racks to cool. Frost with buttercream frosting. Makes 1 2-layer cake.

CUBIERTA DE MANTEQUILLA PARA TORTAS

2 tazas de azúcar pulverizada
8 cucharadas de leche
1 cucharadita de vainilla

En un recipiente, combinar azúcar y leche. Mezclar bien y añadir la vainilla. Hace 1½ tazas.

BUTTERCREAM FROSTING

2 cups sifted confectioners' sugar
8 T. milk
1 t. vanilla

In a bowl, combine milk and confectioners' sugar.
Blend thoroughly and add vanilla. Mix well. Makes 1½
cups.

Torta de Ron

1 paquete mezcla amarilla para torta
1 3¾ onz. paquete pudín <u>instantáneo</u>
4 huevos
½ taza de agua
½ taza de aceite
½ taza de ron
1 taza de nueces picadas

Cubierta:
½ barra de mantequilla
¼ taza de agua
1 taza de azúcar
½ taza de ron

Precalentar el horno a 325°. Engrasar y espolvorear el molde a de 10 pulgadas o de bundt. Colocar las nueces como primera capa. En un recipiente hondo, con la batidora mezclar todos los ingredientes. Poner la mezcla sobre las nueces. Hornear una hora. Dejar enfriar, vertirlo en una bandeja. Para la cubierta, derretir la mantequilla junto con todos los ingredientes menos el ron. Dejar hervir por 5 minutos. Retirar del fuego y agregar el ron. Colocar la mitad de esta mezcla sobre la torta, cuando la absorba repetir nuevamente.

RUM CAKE

1 package yellow cake mix
1 3¾ oz. package <u>instant</u> pudding mix
4 eggs
½ cup water
½ salad oil
½ cup rum
1 cup nuts, chopped

Glaze:
½ stick marjarine
¼ cup water
1 cup sugar
½ cup rum

Preheat oven to 325°. Grease and flour a 10-inch tube or Bundt pan. Sprinkle nuts in bottom of the pan. In a large bowl, mix all cake ingredients together with an electric mixer. Pour batter over nuts. Bake 1 hour. Cool and set on serving plate. For glaze, melt marjarine and mix in all ingredients except rum. Boil for 5 minutes. Remove from heat and stir in rum. Pour half of glaze slowly and evenly over the cake. When absorbed, repeat.

Pudín Instantáneo

1 4¼ oz. paquete de pudín instantáneo
2 tazas de leche

En un recipiente mediano colocar la leche, añadir el contenido del paquete, mezclar con batidora de mano. Colocar en moldes individuales, dejar enfriar por 5 minutos.

Pastel De Calabaza

1 molde para pastel prelisto (pie shell) de 9 pulgadas
1 (16 onz.) lata de calabaza
2 huevos batidos
½ taza de azúcar
½ taza de azúcar morena
1 cucharadita de canela
1 cucharadita de jengibre
½ cucharadita de nuez moscada
¼ cucharadita de clavos molidos
1 (16 onz.) lata de leche evaporada

En un recipiente mezclar todos los ingredientes con la batidora. Poner la mezcla en el molde ya listo y hornear a 400° por 50 minutos o hasta que la punto del cuchillo salga limpia. Dejar enfriar para servir.

INSTANT PUDDING

1 4¼ oz. package instant pudding mix
2 cups milk

In a medium bowl, pour milk. Add contents of package.
Mix with a hand beater until well blended. Pour into
individual dishes. Let set for 5 minutes.

PUMPKIN PIE

1 9-inch prepared pie shell
1 16 oz. can pumpkin
2 eggs, beaten
½ cup sugar
½ cup brown sugar
1 t. cinnamon
1 t. ginger
½ t. nutmeg
¼ t. ground cloves
1 16 oz. can evaporated milk

In a bowl, combine all ingredients except pie shell. Mix
with an electric beater. Pour into the pie shell. Bake at
400° for 50 minutes or until a knife inserted in the
center comes out clean. Cool.

PASTEL DE MANZANA

1 molde para pastel ya listo
7 manzanas peladas y cortadas en pedacitos
1 taza de azúcar
1 cucharada de harina de trigo
1 cucharadita de canela
2 cucharadas de mantequilla derretida

En un recipiente combinar manzanas, azúcar, harina y canela. Colocar la mezcla en el molde listo, y agregarle la mantequilla. Hornear a 450° por 10 minutos. Reducir la temperatura y a 350 y seguir horeando por 35 a 40 minutos más.

APPLE PIE

1 prepared pie shell
7 pared, sliced apples
1 cup sugar
1 T. flour
1 t. cinnamon
2 T. butter

In a bowl, combine apples, sugar, flour, and cinnamon.
Stir to mix. Place in pastry shell. Dot with butter. Bake
at 450° for 10 minutes. Reduce heat to 350 and bake for
35 to 40 minutes more.

Pastel de Lima

1 paquete de gelatina sin sabor
¼ taza de agua fría
4 huevos (separar yema y clara)
1 taza de azúcar
1 taza de jugo de lima (limón verde)
2 cucharaditas de cáscara de lima (limón verde)
linaza verde para alimentos
1 molde listo para pastel, horneado previamente a 350°
por 15 minutos

En un recipiente, mezclar la gelatina en el agua fria. En
otra vasija, batir las yemas, ½ taza de azúcar y el jugo
de lima. Cocinar esta mezcla a baño de maria,
revolviendo constantemente, hasta que quede una
mezcla espesa. Añadir la cáscara de lima rayada y la
gelatina, revolviendo bien para que ésta se disuelva.
Añadir la linaza. Dejar enfriar. En otro recipiente batir
las claras de huevo hasta su punto, añadir el resto del
azúcar. Añadir a la anterior mezcla y revolver. Colocar
toda esta mezcla en el molde previamente horneado.
Dejar enfriar hasta que se compate.

KEY LIME PIE

1 envelope unflavored gelatin
¼ cup cold water
4 eggs, separated
1 cup sugar
1 cup lime juice
2 t. grated lime peel
green food coloring
1 prepared pie shell baked at 350° for 15 minutes

In a bowl, soften the gelatin in the cold water. In another bowl, beat egg yolks, add ½ cup of the sugar and lime juice. Cook over hot water, stirring constantly until thickened. Add grated peel and gelatin and stir until gelatin is dissolved. Tint pale green with food coloring. Cool. In another bowl, beat egg whites until stiff but not dry. Add remaining sugar. Fold into the lime mixture. Pour into the baked pie shell. Chill until firm.

PASTEL DE COCO

1 (3 onz.) paquete queso crema
1 cucharada de azúcar
½ taza de leche
1 taza de coco rallado
1 (8 onz.) cartón de crema de leche batida
½ cucharada de extracto de almendra
1 molde prelisto para pastel de moronas de galleta

En una vasija con batidora eléctrica batir la crema de queso hasta que esté suave, añadir el azúcar, la leche, el coco, la crema de leche batida y el extracto de almendra. Colocar esto en el molde prelisto. Congelar acerca de 4 horas. Sacarlo y dejar reposar a temperatura ambiente por 15 minutos antes de cortarlo y servirlo.

COCONUT PIE

1 3 oz. package cream cheese
1 T. sugar
½ cup milk
1 cups coconut
1 8 oz. container whipped topping
½ t. almond extract
1 prepared graham cracker crumb crust

In a bowl, beat cream cheese with an electric mixer
until soft. Beat in sugar and milk and mix until smooth.
Fold in coconut, whipped topping, and extract. Pour
into prepared pie shell. Freeze until firm--about 4
hours. Let stand at room temperature for 15 minutes
before cutting.

PASTEL DE CHOCOLATE

1 molde prelisto para pastel horneado previamente a
   350° por 15 minutos
1 (4½ onz.) paquete pudín instantáneo de chocolate
1 taza de leche
1½ tazas de crema de leche batida
¼ taza de nueces picadas

En un recipiente batir la leche y el pudín instantáneo,
con batidora de mano por 1 ó 2 minutos. Agregar la
crema de leche y las nueces, sequir batiendo. Colocar la
mezcla en el molde prelisto. Enfriar por una hora antes
de servir.

CHOCOLATE PIE

1 8-inch prepared pie shell, baked at 350° for 15 minutes
1 4½ oz. box instant chocolate pudding mix
1 cup milk
1½ cups prepared whipped topping
¼ cup chopped nuts

In a bowl, pour milk. Mix in the instant pudding mix and beat with a hand beater for 1 to 2 minutes. Blend in the thawed whipped topping and nuts. Spoon into the pie shell. Chill at least 1 hour before serving.

PICADILLO CELESTE

1 lata (12 onz.) de piña picada y escurrida
2 tazas de crema de leche batida
1 taza de coco rallado
1 taza de masmelos miniaturos
¼ taza de cerezas picadas
3 cucharadas de leche

En un recipiente mezclar todos los ingredientes. Dejar
enfriar por una hora antes de servir.

BIZCOCHO DE DURAZNO

4 tazas de duraznos pelados y picados
2 tazas de azúcar
1 barra de mantequilla
1 taza de harina de trigo
2 cucharaditas de polvo de hornear
¾ tazas de leche

En un recipiente combinar los duraznos y una taza de
azúcar. Dejarlo reposar. Derretir la mantequilla en un
pirex de 9x13. En otro recipiente combinar los demás
ingredientes (azúcar, harina y polvo de hornear) sin
dejar formar grumos. Colocar esta mezcla sobre la
mantequilla y cubrirla con la fruta. Hornear de 50 a 60
minutos a 325°.

HEAVENLY HASH

1 (12 oz.) can pineapple tidbits, drained
2 cups prepared whipped topping
1 cup coconut
1 cup miniature marshmallows
¼ cup chopped maraschino cherries
3 T. milk

In a bowl, combine and mix all ingredients. Chill 1 hour before serving.

PEACH COBBLER

4 cups peaches, peeled and sliced
2 cups sugar
1 stick margarine
1 cup flour
2 t. baking powder
¾ cup milk

In a bowl, combine peaches with 1 cup sugar and set aside. Melt margarine and place in a 9x13 glass baking dish. In another bowl, combine all remaining ingredients, mixing until lumps are gone. Pour over margarine and spoon fruit on top. Bake at 325° for 50 to 60 minutes.

PANATELA DE NARANJA Y COCO

4 barras de mantequilla derretida
2 tazas de azúcar
8 huevos
cortezas de 2 naranjas ralladas
4 tazas de harina de trigo
3 cucharaditas de polvo de hornear
1¼ tazas de coco rallado
1¼ tazas de jugo de naranja

Cubierta:
1½ taza de azúcar pulverizada
1 cucharada de cáscara de naranja rallada
2 a 3 cucharadas de jugo de naranja

Batir la mantequilla y el azúcar con batidora eléctrica.
Agregar los huevos y la cáscara de naranja. Agregar el
harina, polvo de hornear, ½ taza de coco y jugo de
naranja. Mezclar hasta que quede una masa suave.
Calentar el horno a 350°. Colocar la masa en un molde
redondo de 10 pulgadas o de Bundt. Hornear por 1 hora
15 minutos, o hasta que la punto del cuchillo salga
limpia. Dejar enfriar.

Cubierta: Combinar todos los ingredientes
mencionados, hasta que quede una mezcla suave. Poner
sobre el bizcocho caliente dejando que caiga por los
lados. Espolvorear el resto del coco.

Orange Coconut Pound Cake

4 sticks butter, softened
2 cups sugar
8 eggs
grated orange rind of 2 oranges
4 cups flour
3 t. baking powder
1¼ cups coconut
1¼ cups orange juice

Glaze:
1½ cups sifted confectioners sugar
1 T. grated orange rind
2 to 3 T. orange juice

In a bowl, cream butter and sugar with an electric mixer. Beat in eggs and orange rind. Mix in flour, baking powder, ½ cup of the coconut, and orange juice. Mix until smooth. Preheat oven to 350°. Pour batter into a greased and floured 10-inch tube or Bundt pan. Bake for 1 hour 15 minutes or until a toothpick inserted in the center comes out clean. Cool. Make glaze and pour over warm cake and let run down the sides. Sprinkle with the remaining coconut.

For Glaze: Combine all ingredients until smooth.

TORTA A LA WATERGATE

1 caja mezcla blanca para torta blanca
1 paquete de pudín instantáneo de pistachios
1 taza de aceite
3 huevos
1 taza de club soda o ginger ale
¼ taza de nueces picadas

Cubierta:
1¼ tazas de leche
1 paquete de pudín instantáneo de pistachio
2 tazas de crema de leche batida

Mezclar todos los ingredientes para la torta con la batidora eléctrica, a alta velocidad por 2 a 3 minutos. Precalentar el horno a 350°, colocar la mezcla en un pirex, previamente engrasado de 10 pulgadas y espolvoreado con harina. Hornear por 45 a 50 minutos. Dejar enfriar. Hacer cubierta. Cortar la torta en 3 capas. Untar cada una con una taza de la mezcla de la cubierta y volver a reemsamblar. Poner el resto en el centro. Dejar enfriar.

WATERGATE CAKE

1 box white cake mix
1 package instant pistachio pudding mix
1 cup oil
3 eggs
1 cup club soda or ginger ale
¼ cup chopped nuts

Topping:
1¼ cups milk
1 package instant pistachio pudding mix
2 cups prepared whipped topping

In a bowl, mix all ingredients for cake and beat with an electric mixer on high speed for 2 to 3 minutes. Preheat oven to 350° and pour batter into greased and floured 10-inch tube or Bundt pan. Bake 45 to 50 minutes. Cool. Make topping. Cut cake twice horizontally into three layers. Spread 1 cup of topping between layers and reassemble. Put remainder in center. Chill.

TORTA DE QUESO

1 taza de moronas de galletas
3 cucharadas de azúcar
3 cucharadas de mantequilla derretida
2 (8 onz.) paquetes de queso crema
½ taza de azúcar
1 cucharada de jugo de limón
1 cucharadita de cáscara de limón rallado
1 cucharadita de extracto de vainilla
2 huevos, separados
1 taza de crema de leche agria
2 cucharadas de azúcar
1 cucharadita de extracto de vainilla

Combinar moronas de galletas, azúcar y mantequilla.
Mezclar y colocar presionando en el fondo del molde de
9 pulgadas. Hornear por 10 minutos esta mezcla en el
horno a 325°. En otro recipiente con la batidora
eléctrica mezclar queso crema, azúcar, jugo de limón,
cáscara de limón, huevos, vainilla. Colocar la anterior
mezcla en el molde anteriormente preparado y hornear
nuevamente a 300° por 45 minutos. En otro recipiente
combinar crema de leche agria, azúcar y vainilla.
Colocar sobre la torta de queso y volver a hornear por
10 minutos más. Enfriar a temperatura ambiente. (Nota:
La cubierta de la crema de leche agria puede ser
sustituida por una lata de cerezas dulces sin futura
cocción.)

CHEESECAKE

1 cup graham cracker crumbs
3 T. sugar
3 T. margarine, melted
2 8 oz. packages cream cheese
½ cup sugar
1 T. lemon juice
1 t. grated lemon rind
1 t. vanilla
2 eggs, separated
1 cup sour cream
2 T. sugar
1 t. vanilla

In a bowl, combine crumbs, sugar, and margarine. Mix thoroughly and press into bottom of 9-inch springform pan or pieplate. Bake at 325° for 10 minutes. In a bowl, combine softened cream cheese, sugar, lemon juice, lemon rind, eggs, and vanilla, mixing with an electric mixer. Pour into crust and bake at 300 for 45 minutes. In a bowl, combine sour cream, sugar, and vanilla. Spread over cheesecake and continue baking for 10 minutes. (Note: A can of cherry pie filling may be substituted for the sour cream topping with no further cooking.)

TORTA DE CHOCOLATE CON NUECES

3 tazas de azúcar
¾ taza de mantequilla
1 taza de leche evaporada
1 (12 onz.) paquete de pedacitos de chocolate
1 taza de nueces picadas
1 cucharadita de vainilla

En una sartén combinar azúcar, mantequilla y leche, deje hervir y revuelva constantemente, cocinar por 5 minutos, reduzca la temperatura y deje que continue hirviendo. Remueva del fuego y agregue los pedacitos de chocolate hasta que se derritan. Añadir las nueces y la vainilla. Mezcle todo muy bien. Colocar toda la mezcla en un pirex engrasado de 13x9 pulgadas. Dejar enfriar a temperatura ambiente, y luego cortar en pequeños cuadritos.

FUDGE

3 cups sugar
¾ cup margarine
1 cup evaporated milk
1 12 oz. package chocolate pieces
1 cup chopped nuts
1 t. vanilla

In a saucepan, combine sugar, margarine and milk. Bring to a full, rolling boil, stirring constantly and cook for 5 minutes with reduced heat, but still boiling. Remove from heat. Stir in chocolate until melted. Add nuts and vanilla. Mix until well blended. Pour into greased 13x9-inch baking pan. Cool to room temperature. Cut into small squares.

TORTA DE COMPOTA DE MANZANA

½ taza de margarina
1 taza de azúcar morena
1 taza de compota de manzana
2 tazas de harina de trigo
1 cucharadita de bicarbonato
1 cucharadita de canela molida
½ cucharadita de clavos
½ taza de uvas pasas
½ taza de nueces picadas

Precalentar el horno a 350°. En una taza, con la batidora mezclar la margarina y el azúcar, luego añadir la compota de manzana, harina, bicarbonato, canela y clavos. Batir muy bien hasta dejar una masa uniforme. Agregar las uvas pasas y las nueces. Poner la mezcla en un molde engrasado. Hornear por 40 minutos.

APPLESAUCE CAKE

½ cup shortening
1 cup brown sugar
1 cup applesauce
2 cups flour
1 t. baking soda
1 t. cinnamon
½ t. ground cloves
½ cup raisins
½ cup chopped nuts

Preheat oven at 350°. In a bowl, cream shortening and brown sugar with an electric mixer. Add applesauce, flour, soda, cinnamon and cloves and mix until well blended. Fold in raisins and nuts. Pour mixture into a greased 8-inch square baking dish. Bake for 40 minutes.

MANZANAS ADEREZADAS

6 manzanas peladas y tajadas
¼ taza de agua
1 taza de harina
¾ taza de azúcar morena
1 cucharadita de canela
1 barra de mantequilla

Colocar las rodajas de manzanas en un pirex de 8 pulgadas, cuadrado agregarles el agua. En otro recipiente mezclar la harina, azúcar y canela mólida. Agregar luego la mantequilla mezclando bien con un tenedor, hasta que se forme como especie de grumos. Vertir esta mezcla sobre las manzanas. Hornear a 350° por 40 minutos.

APPLE CRISP

6 cups peeled apples, sliced
¼ cup water
1 cup flour
¾ cup packed brown sugar
1 t. cinnamon
1 stick margarine

Arrange apples in an 8-inch square baking pan. Cover
with water. In a bowl, combine flour, sugar, and
cinnamon. Cut in margarine in with a fork or pastry
blender until the mixture is like coarse crumbs.
Sprinkle over apples. Bake at 350° for 40 minutes.

Ingredients (English)

Apple	Manzana
Applesauce	Compota de manzana
Apricot	Albaricoque
Artichoke	Alcachofa
Avocado	Aguacate
Bacon	Tocineta
Baking powder	Polvo de honear
Baking soda	Bicarbonato
Banana	Plátano
Barbeque sauce	Salsa para barbeque
Basil	Albahaca
Bay leaf	Hojitas de laurel
Blueberries	Uvas silvestres
Beans	Granos, frijoles
baked	frijoles precocidos
chickpeas	garbanzo
green	habichuelas
great northern (white)	frijoles blancos
kidney	frijoles rojos
yellow (wax)	habichuelas amarillas
Beef	Carne (bif)
ground	carne molida
steak	bifstek
Beer	Cerveza
Bouillon cubes	Cubitos de magui
beef	sabor carne
chicken	gallina
Bread	Pan
crumbs	migas o moronas de pan
french	pan francés grande
Broccoli	Brocoli
Broth, chicken or beef	Caldo de pollo o carne
Butter	Mantequilla
Butterscotch	Caramelo en trocitos
Buttermilk	Kumis (Suero de la leche)
Cabbage	Col

Cake mix	Mezcla torta corriente
Capers	Alcaparras
Caraway seed	Pepas de caraway
Carrots	Zanahorias
Celery	Apio
Celery seed	Semillas de apio
Cheese	Queso
blue	tipo roquefort
cheddar	amarillo
cottage	requesón
cream	crema
mozzarella	mozarela
parmesan	parmesano
swiss	suizo
Cherries	Cerezas
Chicken	Pollo
Chili sauce	Salsa chili
Chocolate chips	Pedacitos de chocolate
Cinnamon	Canela molida
Clams	Almejas
Cloves	Clavos
Club soda	Club Soda
Cocoa powder	Cocoa en polvo
Coconut	Coco
Corn	Maíz
Creamed corn	Crema de maíz
Cornmeal	Harina de maíz
Cornstarch	Maizena
Cottage cheese	Requesón
Crab	Cangrejo
Crackers	Galletas
Cream, whipping	Crema de leche líquida
Cucumber	Pepino
Cumin	Cominos
Dill	Dill
dried	seco
fresh	fresco

Egg	Huevo
Egg white	Clara de huevo
Egg yolk	Yemas de huevo
Fish/shellfish	Pescado
flounder	lenguado
salmon	salmón
scallops	escalopes
tuna	atún
shrimp	camarones
Flour	Harina de trigo
Food coloring	Linaza para alimentos
Fruits	Frutas
apple	manzana
apricots	albaricoques
banana	plátano
blueberries	uvas silvestres
cherries	cerezas
grapes	uvas
orange	naranja
peach	durazno
pear	peras
pineapple	piña
Gelatin, unflavored	Gelatina sin sabor
Ginger	Jenjibre
Half-and-half	Crema de leche
Ham	Jamón
Honey	Miel
Horseradish	Rábano rallado o picante
Jam/preserves	Mermelada
apricot	de albaricoque
grape	de uva
peach	de durazno
orange	de naranja
Juice	Jugo
apple	de manzana
lemon	de limón
lime	de lima

Tomato	de tomate
Ketchup	Salsa de tomate
Lemon	Limón
Lentils	Lentejas
Lettuce	Lechuga
Lime	Lima
Liver	Higado
Marjarine	Margarine
Marshmallows, miniature	Masmelos miniatura
Mayonnaise	Mayonesa
Milk	Leche
evaporated	evaporada
half-and-half	crema de leche
Mustard	Mostaza
dijon	dijon
Mushrooms	Champiñones
Nuts	Nueces
peanuts	maní
pecans	pacanas
Oats	Avena
Oil	Aceite
olive	de olivas
vegetable	vegetal
Olives	Aceitunas o olivas
black	negras
green	verdes
Onion	Cebolla
Orange	Naranja
juice	jugo de naranja
peel	cáscara de naranja rallada
Pancake mix	Mezcla para pancake
Parsley	Perejil
Pasta	Pasta
lasagne	lasagña
macaroni	macarrones
shells	conchas
spaghetti	espaguetis

English	Español
Peanut butter	Mantequilla de maní
Peach	Duraznos
Peas, green	Alverjas
split (dried)	arvejas verde seca
Paprika	Color ó achote
Pepper, green or red	Pimentón o aji verde o rojo
Pepper, black (ground)	Pimienta negra molida
Peppercorns	Pepitas de pimienta negra
Pickles	Pepinillos
Pie	Pastel
Pieshell	Molde listo para pastel
Pimento	Pimentón rojo picado
Pineapple	Piña
Pork	Cerdo
Pork chops	Chuletas de cerdo
Potatoes	Papas
Pudding	Pudín
Raisins	Uvas pasas
Relish, sweet or India	Pepinillo agrio picado
Rice	Arroz
white	blanco
brown	carmelita ó moreno
Rosemary	Romero desflecado
Rum	Ron
Salad	Ensalada
Salt	Sal
Sauerkraut	Sauerkraut en vinagre
Sausage	Chorizo
Scallops	Escalopes
Shortening	Manteca
Shrimp	Camarones
Soy sauce	Salsa soya
Soup	Sopa
cream of celery	crema de apio
cream of mushroom	crema de champiñones
Tomato	Tomate
Sour cream	Crema de leche agria

Spaghetti (noodles)	Espaguetis
Spices and seasonings	Condimentos y sazones
almond extract	extracto de almendra
basil	albahaca
bay leaves	hojitas de laurel
caraway seed	pepas de caraway
cinnamon	canela molida
cloves	clavos
cumin	cominos
curry powder	polvo curry
dill (dried)	dill seco
garlic	ajo
garlic powder	ajo en polvo
ginger	jenjibre
italian	sazón italiano
nutmeg	nuez moscada
onion powder	cebolla en polvo
oregano	orégano
paprika	color ó achote
parsley	perejil
pepper	pimienta
rosemary	pomero desflecado
sage	salvia
salt	sal
tarragon	tarragón
thyme	tomillo
Spinach	Espinacas
Squash	Calabazas
Sugar	Azúcar
brown	morena
confectioners	pulverizada
white	blanca
Sweet potato	Boniato
Tartar, vream of	Cremor tártaro
Tomato	Tomate
stewed	con su jugo
sauce	salsa de tomate

whole (canned)	lata de tomates
Tuna/tunafish	Atún
Turkey	Pavo
Vanilla	Extracto de vainilla
Vegetables	Vegetales
broccoli	brocoli
cabbage	col
carrots	zanahorias
celery	apio
corn	maíz
cucumber	pepinos
lettuce	lechuga
mushrooms	champiñones
peas	arvejas
pepper, green or red	pimentón verde o rojo
potatoes	papas
pumpkin	calabaza
radish	rábanos
spinach	espinacas
squash, acorn	calabaza
sweet potato	boniato
tomatoes	tomates
zucchini	calabacín
Tarragon	Tarragón
Thyme	Tomillo
Vinegar	Vinagre
Water	Agua
cold	fría
hot (heated)	hervido
Whipped topping	Crema de leche batida
Wine	Vino
red	rojo
white	blanco
Worcestershire sauce	Salsa negra
Yogurt	Yogurt
plain	sin sabor
Zucchini	Calabacín

Method	Métodos
Add	Añadir
Arrange or place	Colocar
Bake	Hornear
Beat	Batir
Brown	Dorar
Cook	Cocinar
Cover	Cubrir o tapar
Chill	Enfriar
Chop	Picar
Chop fine	Picar finamente
Combine	Combinar
Crack	Triturar
Cube	Cortado en cuadritos
Cut up	Cortar
Dissolve	Disolver
Drain	Escurrir
Fry	Freir
Grate	Rallado o rallar
Grease	Engrasar
Ground	Molido
Lay flat	Extender
Mash	Machacar
Melt	Derretir
Mince	Finamente picado
Mix	Mezclar
Peel	Pelar
Pour over	Ponerla sobre
Precooked	Precocinado o precocido
Preheat	Precalentar
Previously cooked	Previamente cocinado
Prepare or fix	Preparar
Reduce heat	Reducir el fuego
Repeat	Repetir
Reserve (keep)	Ahorrar
Roll	Pasar

Room temperature	Temperatura ambiente
Season	Sazonar
Serve	Servir
Slice	Tajadas
Sprinkle	Rociar
Stir	Revolver
Stir constantly	Revolviendo constántemente
Uncover	Destapar

Equipment   ## Utensilios

Bowl	Recipiente o taza
Bottle	Botella
Can	Lata
Drops	Gotas
Electric mixer	Batidora eléctrica
Foil	Papel aluminio
Food processor	Procesador de alimentos
Frying pan or skillet	Fritadora o freidora, sartén
Glass baking pan	Pirex
Jar	Vasija
Pan	Sartén olla, o cazuela
Pan with a top	Sartén o cazuela con tapa
Paper towel	Papel toalla
Plastic bag	Bolsa plástica
Spoon	Cuchara

Measure   ## Medida

Cup	Taza
Ounces	Onzas
Pound	Libra
Tablespoon	Cucharadas
Teaspoon	Cucharaditas

Direct Order Form

Fax orders: 301-469-2474

Telephone orders: Call 301-469-6545

E-mail orders: Send message to
Metapressorder@aol.com

Mail orders: Meta Press, PO Box 59865,
Potomac MD 20859

Please send: **"Bi-Lingual American Cooking:**
English and Spanish"

Sales tax: Please add 5% for books shipped to
Maryland addresses

Shipping and Handling:

U.S.: *$4 for the first book; $2 more for each additional book*

International: *$9 for the first book; $5 more for each additional book*

Name _____

Address _____

City _____

State _____ Zip Code _____

Telephone _____
(area code)

E-mail _____

No. copies ordered _____

Total enclosed $ _____

Forma para ordenar

Orden por Fax: 301-469-2474
Orden por teléfono: 301-469-6545
Orden por correo: Meta Press, PO Box 59865
                      Potomac, MD 20859

"Cocina Americana Bilingue: Inglés y Español"

Inpuesto de Venta: Por favor agregar 5% libros o denados in Maryland, USA

Dentro de Estados Unidos: *$4 dólares primer libro, adicionales $2 dólares cada uno*

Orden Internacional: *$9 dólares primer libro, adicionales $5 dólares cada uno*

Nombre _____

Dirección _____

Cuidad _____

Estado_____ code postal_____

Teléfono _____

E-mail _____

Número de libros _____

Total $ _____

Direct Order Form

Fax orders:	301-469-2474
Telephone orders:	Call 301-469-6545
E-mail orders:	Send message to
	Metapressorder@aol.com
Mail orders:	Meta Press, PO Box 59865,
	Potomac MD 20859

Please send: **"Bi-Lingual American Cooking: English and Spanish"**

Sales tax: Please add 5% for books shipped to Maryland addresses

Shipping and Handling:

U.S.: *$4 for the first book; $2 more for each additional book*

International: *$9 for the first book; $5 more for each additional book*

Name _____

Address _____

City _____

State _____ Zip Code _____

Telephone _____
     (area code)

E-mail _____

No. copies ordered _____

Total enclosed $ _____

Forma para ordenar

Orden por Fax: 301-469-2474
Orden por teléfono: 301-469-6545
Orden por correo: Meta Press, PO Box 59865
                     Potomac, MD 20859

"Cocina Americana Bilingue: Inglés y Español"

Inpuesto de Venta: Por favor agregar 5% libros o
denados in Maryland, USA

Dentro de Estados Unidos: *$4 dólares primer libro,
adicionales $2 dólares cada uno*

Orden Internacional: *$9 dólares primer libro,
adicionales $5 dólares cada uno*

Nombre _____

Dirección _____

Cuidad _____

Estado_____ code postal_____

Teléfono _____

E-mail _____

Número de libros _____

Total $ _____

Direct Order Form

Fax orders: 301-469-2474
Telephone orders: Call 301-469-6545
E-mail orders: Send message to
                              Metapressorder@aol.com
Mail orders: Meta Press, PO Box 59865,
                              Potomac MD 20859

Please send: **"Bi-Lingual American Cooking:**
                         English and Spanish"

Sales tax: Please add 5% for books shipped to
                         Maryland addresses

Shipping and Handling:

U.S.: *$4 for the first book; $2 more for each additional book*

International: *$9 for the first book; $5 more for each additional book*

Name _____

Address _____

City _____

State _____ Zip Code _____

Telephone _____
                    (area code)

E-mail _____

No. copies ordered _____

Total enclosed $ _____

Forma para ordenar

Orden por Fax: 301-469-2474
Orden por teléfono: 301-469-6545
Orden por correo: Meta Press, PO Box 59865
                     Potomac, MD 20859

"Cocina Americana Bilingue: Inglés y Español"

Inpuesto de Venta: Por favor agregar 5% libros o denados in Maryland, USA

Dentro de Estados Unidos: *$4 dólares primer libro, adicionales $2 dólares cada uno*

Orden Internacional: *$9 dólares primer libro, adicionales $5 dólares cada uno*

Nombre _____

Dirección _____

Cuidad _____

Estado_____ code postal_____

Teléfono _____

E-mail _____

Número de libros _____

Total $ _____